瘦西湖

陈跃·编著

符号江苏·口袋本

Shou Xi Hu

江苏凤凰美术出版社

图书在版编目（CIP）数据

瘦西湖 / 陈跃编著. -- 南京: 江苏凤凰美术出版社, 2021.9

（符号江苏·口袋本）

ISBN 978-7-5580-9256-5

Ⅰ. ①瘦… Ⅱ. ①陈… Ⅲ. ①风景区-介绍-扬州 Ⅳ. ①K928.705.33

中国版本图书馆CIP数据核字（2021）第210918号

责任编辑　奚　鑫
责任校对　吕猛进
责任监印　张宇华
图片提供　瘦西湖风景名胜区　扬州报业传媒集团
　　　　　金　川　黄　培　江　燕　王虹军　李斯尔　张卓君　孟德龙
　　　　　刘江瑞　夏　鹭　吴玉峰　张　衡　郭云璐　周晓明　杨　青
　　　　　尹德勤　沈扬生　王子明　齐立广　周泽华　邵　帅

书　　名　瘦西湖
编　　著　陈　跃
出版发行　江苏凤凰美术出版社（南京市湖南路1号　邮编：210009）
制　　版　南京新华丰制版有限公司
印　　刷　南京新世纪联盟印务有限公司
开　　本　787mm×1092mm　1/32
印　　张　4.875
版　　次　2021年9月第1版　2021年9月第1次印刷
标准书号　ISBN 978-7-5580-9256-5
定　　价　35.00元

营销部电话　025-68155675　营销部地址　南京市湖南路1号

目录

前 言

天下西湖唯此瘦

“以地名西湖者，天下三十有六。”（刘声木《苌楚斋随笔》）据说天下有36处叫“西湖”的地方，既为湖泊，便是丰盈浩渺的模样，这就不难理解了，这36处西湖中，扬州瘦西湖并没有被收在其中。纤柔迤逦的瘦西湖以遗世独立的清嘉之貌阐述了湖的另一种姿态。

扬州此湖，身世就是谜一样的存在。隋唐肇始，它先是运河，再则城濠，最终成为郊野之湖。数千年里，瘦西湖经历了战争与和平的轮番洗礼，涵纳着自然与人文的不停歇的灌顶，上至帝王高僧、将军太守、名士硕儒、巨商大贾，下至普通乡绅、市民百姓、贩夫走卒、三教九流，全都一起参与了它的构建与成长。

清初吴绮在《扬州鼓吹词》序中写道：“城北一水通平山堂，名瘦西湖，本名保障湖。”由书中记载可见瘦西湖在清初便已得名，大概意思是因为其水道弯曲狭长，并地处扬州城的西北，故称为“瘦西湖”。这条水系总长约4.5千米、宽度在13米至116米。

瘦西湖最终的定型，是在清乾隆年间（1736—1795）。“两堤花柳全依水，一路楼台直到山”，细长而又富曲折变化的线形水体为它博得了巨大的名声。两岸大量的背“山”面水的园林形成了“二十四景”，桥、岛、堤、岸有机串联而又曲折多变，自然形成了瘦西湖卷轴画般的游览风格。而这画卷中，分别以小金山、五亭桥、熙

瘦西湖景观

瘦西湖桥、岛、堤、岸有机串联

春台为中心，形成最为精彩的三个景观节点；又以吹台、白塔、凫庄、五亭桥单体建筑及水体构成的中部核心景区为整个景观序列的巅峰。

乾隆年间，瘦西湖又被称为“百园之湖”，沿岸百座园林分属百位主人。他们营建园林的时候不可能事事通气、有所规划，而最终形成的瘦西湖景观，园林营造者们有意无意地将人文景观与自然景观高度结合起来，形成一幅因借和谐、水墨淋漓的中国山水画长卷，这不能不说是一个奇迹！

建筑风格上，以湖面为中心舞台，亭、台、楼、阁等外向景观错落有致，展现出扬州园林建筑特有的兼具南秀

北雄的雅健风格，创造出动态而连贯的景观艺术境界。各种建筑要素又将阔大空间内的各种因素凝为一体，从而形成了瘦西湖“十余家之园亭，合而为一，联络至山，气势俱贯”的景观妙造。

而世俗文化向典雅文化的顺利过渡与交融，形成了瘦西湖园林不同于杭州园林、苏州园林的人文特质。莲花桥与白塔，折射着华美而强烈的皇权与宗教色彩，不仅成为包括“扬州八怪”在内的一批艺术家、文学家的公共文化空间，更是帝王巡游这一具有东方特色的世俗、感性和神秘文化传统的有力见证；虹桥作为清代文化史上久负盛名的“虹桥修禊”诗文雅集活动的重要场所，不仅将瘦西湖

瘦西湖夜色

景观的文化品质与诗意氛围推至一个罕见的高度，为中国文化中修禊雅集传统提供了直接、珍贵的物证，也对以后的中国诗歌文学的繁荣与传播产生了显著影响。

瘦西湖作为扬州城内水系的重要组成部分与大运河紧密相通，可被视为大运河的内城支流，是整个大运河上独特的文化景观，更是运河进入南方地区以后最能体现地域审美价值的文化景观。1988 年蜀冈—瘦西湖被国务院列为国家重点风景名胜区，2010 年被授予国家 5A 级旅游景区，2014 年瘦西湖被列入世界遗产名录。

第一章

旧游——五亭桥下好转舟

第一节 “长堤春柳”的左首和右首

瘦西湖的景观，“隐”得非常好！进入南门，那标志性的五亭桥、白塔、二十四桥还在数里之外，得先走一段长堤，这是瘦西湖旅游的序曲：长堤春柳。

长堤有一里有余，纯徒步，好像要考验游客的耐性，但这种考验又充满了体贴，沿途遍植柳树，间以桃花，这应该是当年造园师们的预先设计。在烟花三月的时候，桃红柳绿，这一路的柳丝婀娜、一路的桃花妩媚，仿佛一顿正餐前的开味酒。

狭长的瘦西湖，妙在地形上的毫不单调，它两岸会不断出现长岭小山。单“长堤春柳”这段，北行可左观山色，右览水光；左首是高阜上的“叶林”，右首是低处的流水。这种视觉上的落差令行进在长堤上的游客有穿行隧道之惑，只不过这种迷失感同时被桃花源般的景致覆盖了。

左首高阜上的“叶林”形成晚，名字也未入清扬州北郊“二十四景”的芳谱，但是，它实在是扬州人心头最热爱的一片丛林。一方面，它记载了扬州人的孝行。民国时期，扬州人叶秀峰升职为国民党高官，在游览瘦西湖时，看见长堤西有一片荒地，于是建议把这片荒地建成一个园林，以纪念其父亲叶惟善，时人称“叶林”。另一方面，它记载了扬州人对造林的无限热诚。叶秀峰的初衷在于，造林后，冬天修剪的枯枝可卖给商店住户，林子可以为城

“叶林”

市园林绿化提供树种。他不遗余力地采买各种名木 2099 株，时至今日，“叶林”尚存古树名木 81 株，其树种有：五针松、柏树、日本柳杉、紫薇、银杏、乌柏、黄杨木、薄壳山核桃、无患子、紫藤、瓜子黄杨、雪松等。雪松在当时属珍稀树种，产于我国西南部的喜马拉雅山，现已完全适应了南方的气候土壤，生长繁茂。现在，它们是“叶林”中的主角，蓊郁成林，成为瘦西湖内让人松弛的天然大氧吧，也成为扬州最为集中也是最大的古树名木群。

长堤右首，湖中之岛乃北郊二十四景之一的“荷浦熏风”。“荷浦熏风”又名江园，它是与乾隆皇帝交谊笃厚、

“荷浦熏风”

被誉为“以布衣上交天子”的大盐商江春的私家园林。乾隆皇帝两次临幸，也爱这满浦荷花，不仅作诗咏叹，还赐名“净香园”。这里湖中有岛、岛中有池，池中种的是扬州荷花名品——广陵红。每到夏季，红裳翠盖，风华妖娆，湖上游船来往穿梭，船上游人只能远观而不可亵玩。

这方水木清华、林泉幽静的岛域，也是瘦西湖上一道引人入胜的生态景观、一方候鸟栖息的家园，同时更是瘦西湖生态环境的一只晴雨表。由于扬州城市活水工程的实施和水质绿化养护得好，每年春天，都有大量的白鹭飞到这里来栖息觅食、繁衍后代。湖上野鸭成群嬉戏，林中白鹭追逐翩舞，清风习习，鸟鸣悠悠。置身其间，仿佛走进了诗与自然交融相生的境界，轮番体验着时空幻化而充满动感的风景蒙太奇。在这一刻，游人收获着瘦西湖之旅的意蕴精华，也深刻领悟了人与自然的同喜同乐、天人合一。

左首“叶林”里高树造氧，右首荷浦里白鹭低回，正在沿堤北行的人们，怎能不心旷神怡？！

长堤中段，有一四柱方亭突入水际，匾额上写着四个大字“长堤春柳”。此为清光绪道员陈重庆的手笔。陈重庆十足扬州人的散淡性格，无意官场，返乡做了名士；他“知音声，擅联语”，书法更是了得！如何了得？听一听帝师翁同龢的评价：“吾后海内善书者当以陈君为巨擘。”“长堤春柳”亭外悬“中流自在”匾，两柱悬挂王板哉所书前人集句联：“佳气溢芳甸，宿云淡野川。”上句出自赵孟頫诗《张詹事遂初亭》，其首句为“青山缭神京，佳气溢芳甸”；下句源于元好问诗《涠亭》，其中有句云“宿云淡野川，元气浮草木”。集句联工整应景，颇见集者之功力。

仲春时节，扬州人总是愿意扶老携幼，到瘦西湖里的长堤上走一走，这似乎成了一种不成文的民俗。这长长的堤岸、柳条，寄托了扬州人为老人、孩子而默念在心、长长久久的期许。途中，沐煦风艳阳，听燕哢莺啼，这实在是人与自然共同相伴的一段旅程。

“长堤春柳”

“长堤春柳”游兴浓

第二节　徐园有虎，拦路为障

600 米“长堤春柳”的尽头，便是瘦西湖内建园最晚、名气颇大的徐园。整个瘦西湖景色，徐园之后便跨山（小金山）西去，进入一个豁然开朗的新天地。所以，徐园的存在，有屏风、障景的功用，游人至此，先领会小园林的意趣，然后才是大园林的接待。

徐园 1915 年建于清代桃花坞的旧址上，为祠祀辛亥革命时扬州军政长官徐宝山而建。徐宝山原是仪征十二圩的盐民，从组织护盐的武装开始，发展成为地方军阀。辛亥革命爆发后，他积极拥护孙中山建立共和的主张，并出兵扬州消灭清军，后来当上了扬州军政分府都督，在扬州

旧日徐园

兴文化、办学校方面都很有建树。

扬州民间流传着许多徐宝山鲜活的故事，说他是个既慈孝又残忍的人。“为人重信义，明赏罚”，“事母以孝闻”，“倡议于所贩私盐，每船抽两包或四包，储为赈济之资”。每到冬天，他给穷苦百姓施舍衣粥；遇到水旱灾害，则散米粮给灾民。但是，人总是充满着多面性，在对待他的政敌方面，他无情绝杀，人们送给他“徐老虎”这一称呼。

园子门额上“徐园”两字，“徐”为行楷，“园”为草书，是繁体的“園”字。这两个字是晚清扬州名士吉亮工书写的。扬州民间，就“園”字展开了很多想象与传说，说吉亮工很看不起徐宝山这个盐枭出身、目不识丁的草莽，不肯为徐宝山题字。但是不写不行呀，写到“園”字时，他灵机一动，把框里的“袁”字写得像个“虎”，顺手就把“園”字的外框随手一绕，心想：你再威风，也是只“園”中之虎！

实际情形是：吉亮工与徐宝山关系应该是不错的，他曾赠联给徐宝山，“从来名士皆耽酒，自古英雄不读书”“一身都是胆，万事总由天”。作为一个清高孤傲、特立独行的真文人，不是真的欣赏某个人，他断断不会写这样的联句的。题“徐园”两字时应在徐宝山已死、值造园之际。

徐园占地 9 亩，入园为黄石叠砌的荷池，池北为主厅飨堂，用来供奉徐宝山的牌位，面南三楹，单檐歇山顶，周绕廊庑。1951 年此厅易名“听鹂馆”，取杜甫“两个黄鹂鸣翠柳，一行白鹭上青天”之意。在古代，人们常常根据黄鹂鸟的叫声来判断春季播种的时间。听鹂馆前有两副楹联：“绿印苔痕留鹤篆，春流花韵爱莺簧”是同治年间状元陆润庠所书；“江波蘸绿岸堪染，山色迎人秀可餐”为三朝元老、九省疆臣、扬州学派代表人物阮元所题。听鹂馆内，有楠木罩隔一副，值得细观。它采用上好的楠木精雕细刻而成，看似整体，实为三块拼合，接缝处理得极为细腻；雕刻的图案为松、竹、梅“岁寒三友”，代表吉祥如意的意思。

今日徐园

听鹂馆东为“春草池塘吟榭”；西则恢复桃花坞之“疏峰馆”旧名，实为船厅，建立于清代光绪、宣统年间的著名诗人社团“冶春后社”曾在此活动。诗人吉亮工撰书楹联为：“社名仍号冶春，何必改作；来者都为游夏，可与言诗。”

整个庭院起承转合，错落有致，花木竹石，美轮美奂。中国园林的所有元素，厅、榭、馆、廊、池塘、石桥、花窗、粉墙，应有尽有，集精巧的建筑结构和精湛的雕刻艺术于一身。池水于东面石梁桥下与园外湖水相通，环池植有桃柳，松柏花草列植道边。

听鹂馆前，有两只高古的铁镬，一直吸引着游客猜测

徐园听鹂馆

徐园铁镬

它谜一样的用途。镬，是中国最古老的器具之一。古人称：有足曰鼎，无足曰镬。根据《铁镬碑记》记载，这是南北朝萧梁时期的遗物。镬在中国文化史中曾经扮演过多种角色，它曾经是礼器、盛器、佛器、刑具，在北方它还是消防工具。扬州地处长江中下游，水患频繁，古人认为水中有恶龙作怪，铁可以用来镇龙，因此制作了这样的铁镬，每只重达 3000 千克。从科学角度上说，把它扣于靠近堤坝的湖底，洪水撞击在它的顶部，向四周散开，减缓了水流的冲击力，起到保护堤坝的作用。因此，镬在扬州是治水用具——早在1500年前，扬州的冶铁技术就已经相当发达了！

苏州桃花坞以年画出名，徐园在清代是扬州桃花坞旧址。风雅之地今祀草莽英雄“徐老虎”，弄两只铁镬来，或是看中了它们的约束与压制的作用吧。

第三节　小金山，湖中最大岛屿

徐园与小金山隔水相对，架桥连为一体。

绕过徐园听鹂馆，眼前呈现的是娇美的小红桥。如果说，徐园作为“障景”手法，挡住游人的视线，使瘦西湖的景致“犹抱琵琶半遮面”，那么此刻就是“千呼万唤始出来”了。走在小红桥上，举目西眺，眼前豁然开朗，扬州的标志性建筑——五亭桥跃入眼帘。向东看，可看到清代二十四景之一的“四桥烟雨”，此楼为乾隆年间黄园的一景，园主人为黄履暹。在此登楼远眺，可同时看到南面的虹桥、北面的长春桥、西面的五亭桥和玉版桥。这四座桥的颜色、造型各不相同，特别是在烟雨蒙蒙之际，四座桥笼罩在雨丝烟雾之中，忽隐忽现，如彩虹一般，给人如梦如幻的感觉，极具缥缈之趣。当年乾隆皇帝十分赏识，曾四次赐诗，并于1762年赐名“趣园”。

走下小红桥，便到了湖上最大岛屿——小金山。当年

过娇美红桥，上小金山

为迎奉皇帝到来，盐商开挖莲花埂新河，用开河的泥土及山石堆成了这座小金山。上建风景，下连洞道，仿效镇江金山的格局。

小金山门前，有一对形态可人的石狮，歪头斜耳，憨态可掬，好像在说：“有朋自远方来，不亦乐乎？”与威武雄壮、质朴大气的北方石狮相比，扬州石狮好像更多体现了扬州人灵气、随性的特质。北方石狮，是以摆设的位置来区别的，一般都是左雄右雌，符合中国传统男左女右的阴阳哲学。扬州石狮判别雄雌，则看蹄下戏护之物：蹄下为球，象征统一寰宇和无上权力，为雄狮；蹄下为幼狮，象征子孙绵延，为雌狮。

这对石狮，友好而随性

小金山的历史渊源，据清初吴园茨考证，始于六朝时代刘宋年间的南兖州刺史徐湛之。《太平寰宇记》云：“广陵旧有高楼，湛之更加修整，南望钟山。城北有陂泽，水物丰盛。湛之更起风亭、月观、吹台、琴室，果竹茂盛，花药成行。”广陵曾名南兖州，吴园茨认为，徐湛之是此处岛景建设的开创者。至于较为有实际根据的说法，则见于徐谦芳《扬州风土记略》。该书记载，宋代治理扬州的官员陈升之、郑兴裔、贾似道三人先后在此修建亭台广厦，极一时之盛。此园康熙后期为进士方觐所辟，后归余熙，岭上处处植梅。据《扬州览胜录》，此岛由程志铨修葺，历时三年，旧有关帝庙、玉版桥、岭上草堂、观音殿、六方亭、钓渚诸名胜，咸丰年间毁于兵火。光绪年间复建，“梅岭春深”额保存至今。

关于小金山，历史上记载着一个故事。相传当年苏东坡任扬州太守时，常与镇江金山寺的住持佛印和尚下棋，两人有言在先：如果苏东坡赢了，佛印和尚就把镇江的金山输给扬州；如果佛印和尚赢了，苏东坡就把身上的玉带输给金山寺。结果佛印和尚赢了苏东坡，所以镇江文人编了一个上联：“弹指皆空，玉局可曾留带去。”说是苏东坡的玉带留在镇江了。扬州人不服气，在堆砌此山时，专门取名叫小金山，应对了一个下联：“如拳不大，金山也肯过江来。”

小金山上故事多

这真是扬州人的智慧！扬州文人画家李亚如先生撰并书一联，“借取西湖一角堪夸其瘦，移来金山半点何惜乎小”，把这种智慧诠释得明明白白：我们有西湖，是瘦的；我们有金山，是小的；我们借来与移来的风物，卓然成景。这恰恰体现了扬州人包容的胸怀。

从“瘦”谈到“小”，好像扬州人乐意在细枝末节上讲究；城里城外，景点和巷道用了不少的“小”。小金山、小秦淮以外，还有小盘谷、小东门、小十三湾、小虹桥、小流芳巷等等，都是“小”。命名为“小”，并不等于渺小与矮小，所谓“一勺则江湖万里，一峰则太华千寻”，心存疑惑的人可不要被扬州人的谦虚给“骗”了。

回到小金山。

现在的小金山是瘦西湖上建筑最紧密的地方。瘦西湖最早见于史书记载的建筑——风亭、吹台、琴室、月观都集中在这个岛上。

进入庭院，一钟乳石映入眼帘，其形如堆雪，这是北宋年间散失江南的几块著名“花石纲”遗石之一。北宋末年，宋徽宗赵佶喜好书画，全国各地都搜集奇花异石运往汴京（开封）为其堆造万岁山。在大运河上运输过程中，由于浙西爆发了方腊领导的农民起义，因此运输中断，花石纲的石头也就遗落于扬州。这块钟乳石，长约256厘米、宽约96厘米、高约52厘米，北边略高，南边略低，中间低凹，如一长湖，湖内山峦起伏、曲折绵延。四周层层高起，如悬崖、峭壁、深涧、连峰。周边蜿蜒如山脊，而以北部显示高峻。石上绿苔斑斑，并植有两株对节白蜡。雨

小金山“花石纲”遗石

天积水其中，则映峰峦倒影。细细观赏，可谓峰壑天然，一石成景，体现了盆景艺术的“以小见大”，出于自然、高于自然的艺术特点。

庭院内以“琴棋书画”为主题构制了一组精舍，形制皆不大，造型清雅，给人以淡雅素洁之美。

庭院临湖，有敞轩三间，屋角挑出一“茶”字幌，轩内设茶桌数张，乃品茶听琴之地。额书“琴室”，乃包契常手笔；抱柱悬联，内容为“一水回环杨柳处，画船来往藕花天”，系前人丁祖芬撰，今人补书。

棋室为小轩，室内陈列有青花山水瓷绘屏风 12 片，

山琴室内的牌匾

据考证，此物1962年购于天津，系清故宫陈列旧物。棋室内有砖棋盘，两大两小，大者是象棋盘，近1米见方，小者是围棋盘，0.6米见方，是乾隆年间江南苏州府造。这是棋室修葺时，在棋室墙壁上发现的。据说，当年砌棋室时，砖石不够，聪明的工匠便把这四个棋盘砌在墙内了。

眼中可见琴室棋室，遍寻却不见画室，其实此室便是临湖而筑的月观了。古人喜欢借称虚指，如果把琴棋书画一一按实道来，哪里能够体会中国古典园林的虚实和含蓄之美。月观建于清光绪五年（1879），“筑数楹为待月之所”，屋宇轩敞，四面皆为隔扇花窗，从堂后的花窗可以看到桂园的桂树满枝金黄。堂上高挂“月观”匾额，下有一副楹联，为“扬州八怪”之一郑板桥撰书：“月来满地水，云起一天山。”此联极妙，月观是扬州赏月胜地，这里背山面水，前临开阔的湖面，每当皓月东升，凭栏远眺，天上水中，两个月亮交相辉映，人们就能体会到“月来满地水，云起一天山”的美妙意境。

出月观北行不远，一山拔地而起，门额上题“梅岭春深”四字，此小金山也。山上遍植梅花，每当冬季梅香四溢，引得游人纷纷来此踏雪寻梅，故称“梅岭春深”，为清扬州北郊二十四景之一。岭上梅竹夹道、石级蜿蜒，山顶筑“风亭”，这是瘦西湖的制高点。风亭上面有一副楹联：“风月无边，到此胸怀何似；亭台依旧，羡他烟水全收。”“风亭”这个名字就是取自上下联第一个字而得名的。登亭四顾，瘦西湖美景尽收眼底。

对于小金山的“形”，老作家丁家桐有一番高见。他认为，小金山地形如鹤，面向五亭桥，长屿为鹤颈，钓台为鹤冠，丘阜为鹤身，小虹桥与玉版桥为鹤足，是一只绿

小金山月观

“梅岭春深”

小金山风亭

羽满身、长颈伸展、双足分开、振翅待飞之鹤。熟悉湖中风物的游客们一想，果不其然嘛！

第四节　坐在钓台，两边有景

小金山区域，有两处有趣的地方，游人不得不观。

小金山西麓，有四面厅 3 间，临水而筑，意境开阔，为湖上草堂。

堂北有枯木一区，凌霄自后攀缘而上，夏日呈现花红叶茂景象，形成“枯木逢春”的奇观。

这是一截唐代银杏残骸演绎的传奇。手腕粗的凌霄攀缘而上，夏日，满树绿叶，点缀星星橘黄喇叭，如少女的

枯木逢春

裙摆，袅袅低垂，远远望去，世界为之灿烂！这景致，当归功于扬州园艺大师韦金笙。1952年，雷电击中木兰寺中的千年银杏，在几个有识之士的坚持下，将残骸移到瘦西湖小金山玉佛洞旁。4年后，来扬州工作的韦金笙“移花接木”，挖来一株约2米长、食指粗细的凌霄花，栽在银杏残骸的身旁。经历60多年的风雨，凌霄英姿飒爽，游客驻足观望，无不佩服“枯木逢春”这样的奇思妙想。这是一趣！

湖上草堂西边，为绿荫馆。馆前有长堤西延，突入湖心，遥对着五亭桥。这长堤的尽头，是著名的吹台（又名钓鱼台）。吹台有三面圆门，各嵌一景：西衔五亭桥、南框白塔、北眺“水云胜概”诸景。这是中国园林借景、框景手法的杰出范例。站在合适的位置，游人们能拍到左手桥、右手塔的艺术照片。这是第二趣！

吹台在扬州园林的形成历史中，有着重要的位置。在南北朝的时候，南兖州（即今扬州）刺史徐湛之在扬州建了风亭、月观、吹台、琴室等园林建筑，这是明确见于史册的扬州园林早期建筑。但是，这个吹台不是我们今天瘦西湖中的吹台，它建于蜀冈之上，是临水平台或高台一类的建筑。今天瘦西湖中的吹台，最早为清康熙时期所筑，是一座垂钓者遮阳、挡雨及游人观景的空亭，它的背景里还没有五亭桥和白塔。

清乾隆时期是扬州园林建设的鼎盛期。在乾隆皇帝第二次南巡（1757）之前，瘦西湖重要的景点五亭桥、白塔

钓鱼台（即吹台）

落成了。

清咸丰年间，太平军与清军在扬州屡次交战，就瘦西湖地域而言，除了白塔，清中期以前兴建的平山堂、法海寺、小金山、莲花桥（五亭桥）桥亭等几乎全部毁于兵火之灾，小金山长堤尽头的方亭（吹台）同样未能幸免。

清光绪年间，扬州北郊瘦西湖园林景观开始了恢复性建设，今天瘦西湖小金山的景观格局，基本形成于这一阶段。尤其重要的是，吹台经重建后，重檐方亭，周以围墙，西墙开月洞形门，南北开方窗，这方窗和圆门的出现，使吹台框景功能得以真正实现。

吹台旧貌

梦幻吹台

1954年，扬州发生特大水灾，波及瘦西湖吹台。后经瘦西湖整建规划委员会重新修缮，西、南、北三面砖砌到顶，各开一圆门，面东为敞门，从此吹台形制一直未改，成为瘦西湖上最具功能价值的景观亭。它以最低的位置、最小的体量，成为瘦西湖几大标志性景点集中荟萃的聚焦点。在吹台里，可环顾五亭桥、白塔、小金山，而在桥、塔、山上的游客们，若任由眼光抛掷，一定也是最先关注到瘦西湖中这座明黄的亭子。这种互为讨巧的游览体验，必然是当年园林设计师的匠心所在。

今日登亭，细心的游客会发现，这个亭子有两个名字：亭外檐悬挂的匾上题名“钓鱼台”（刘海粟所题），亭内的匾上则题名“吹台”（沙孟海所题）。当年，乾隆皇帝泛舟于此，为增添皇帝的游湖兴致，文人雅士于此吹箫抚琴，演奏江南丝竹，故称“吹台”。后因传说乾隆在此钓过鱼，便又名“钓鱼台”了。

第五节　扬州好，高跨五亭桥

小金山北端，有玉版桥与陆地相连。起拱高大，曲线优美，俨然如绿色玉带上的一块白色玉版。下桥西行，左为瘦湖，右为丘阜。前行不久，便是“水云胜概”景致了。

“水云胜概”

面湖为胜概楼，厅上悬孙轶青书“水云胜概”匾额，抱柱为“林外钟声知寺远，柳边人歇待船归”联。厅前为坪，日常为歌舞戏曲表演之处，为游人助兴。厅东遍植琼花，若在每年的4月中下旬来此，琼花盛开，满树油

琼花，仙花也

亮的碧叶托着洁白如玉的花朵，那真叫一个琼枝玉树！每枝琼花，由八朵五瓣大花拥着金蝴蝶似的花蕊，如八位仙子围坐品茗，令人如入仙境。在扬州众多名花佳树中，琼花最富有特色。提起琼花，历史上有很多文人赞咏过它，当年韩琦说：“维扬一株花，四海无同类。”欧阳修为了观赏琼花，曾建造无双亭，寓意琼花“天下无双”。在中国的花卉中，只有琼花获得了“中国独特的仙花”这一赞誉。

若选择一种花卉代表扬州，那必然是琼花；若选择一处建筑为扬州代言，那必然就是五亭桥了。

“水云胜概”西望，便是瘦西湖里最华彩、最核心的景致五亭桥了。

“扬州好，高跨五亭桥。面面清波涵月镜，头头空洞过云桡。夜听玉人箫。”（黄惺庵《望江南百调》）五亭桥，檐顶黄色琉璃瓦覆盖，亭内彩绘五龙藻井，再配以朱红立柱，色彩风格迥异于江南园林的黑柱黛瓦。在清婉秀丽的江南，突然看见五亭桥这样具有皇家气度的建筑，很是叫人惊骇与羡慕的。

“五亭桥”是民间的叫法，在早期记载瘦西湖景观的史书里，只有“莲花桥”的说法。“莲花桥在莲花埂，跨保障湖……上置五亭，下列四翼洞，正侧凡十有五。”（李斗《扬州画舫录》）因桥在莲性寺侧莲花埂上，桥上五亭

1910 年发行的一张五亭桥明信片

又开如莲花，当时的书中都以“莲花桥”称之。

水中的五朵莲花，那一定是并蒂莲，它们一起缓缓浮出水面的场景，十分符合文人的想象。可是，这样的名字老百姓们并不买账，他们看着桥上的五座亭子，脱口而出：五亭桥！

一开始的五亭桥，实用功能是主要的。为迎接乾隆皇帝的第二次南巡（1757），扬州官员挖通了城内至平山堂的水上御道，造一座桥，连接南北湖岸交通，形成水陆立交模式，这是必需的。可是，扬州负责接驾的两淮巡盐御史高恒并不想敷衍了事，作为管盐的地方大员，银子根本不是问题。他要在桥上造五座亭子，既要有接驾之功能，造型又要标新立异。

其实当时高恒造起的五亭桥，五亭是分立的，不是现在五亭相连、浑然一体的模样。不过，桥上同时建“四盘一暖锅”的几个亭子，在当时已经是一个大胆的想象了。

五亭桥与白塔，在百姓眼中是新建的风景，而在扬州官商的眼中，其实是无声的建筑语言。五亭桥仿北京景山五亭，白塔仿北海琼华岛白塔，是地方追随京师的产物。乾隆皇帝南巡，有一个重要的目的便是安抚江南，希望汉族势力强大的江南忠于朝廷。扬州这处地方，在历史上与朝廷抗衡的事件屡见不鲜，如汉代吴王刘濞曾于此反抗朝廷，唐代也曾是骆宾王草拟檄文讨伐武则天的地方。至于

五亭桥与白塔

史可法抗拒清兵，影响绵延达数十年之久。时光进至乾隆中叶，民族矛盾缓和，天下大治，地方服从中央，应有表述。

在这之后的200年间，莲花桥上的5个亭子数次倒圮又重建。1929年至1931年间，莲花桥上的5个亭子又一起倒塌了。1933年，邑人王柏龄发动乡绅名流募资修复。此次修复可费了心思，组建了重修委员会，进行了招标，甚至移用了城内清代盐政衙门里的砖瓦木料。正是这次重修，形成了今天五亭桥富丽堂皇的气息。亭上有宝顶，亭内绘有天花，亭外挂着风铃。桥墩由矩形大块青石砌成，形成厚重有力的“工”字形桥基；两侧为半拱，两端为宽阔的石阶。桥墩下列四翼，每翼各有 3 孔，可以通达，共 15 孔。桥上五亭以廊相通，中央大亭为重檐，高于其他四亭。五亭桥的桥身由大小不一、形状不同的券洞组成。空灵的拱顶券洞配上敦实的桥基，桥基以直线配上桥洞的曲线，加上自然流畅的比例，取得了和谐统一的视觉效果。在后来的记载中，这次重修几乎就是里程碑式的。“金碧丹青，备极华丽。五亭四角系以金铃，风来泠然有声，清响可听。立桥上，直览全湖之胜。”

陈从周先生评述扬州园林为“雅健”，五亭桥可为代表：墩之厚重表示着北方的憨直，亭的优美展示着南方的曲线。如果把瘦西湖比作一个婀娜多姿的少女，那么五亭桥就是少女身上那条华美的腰带。难怪中国著名桥梁专家茅以升这样评价：中国最古老的桥是赵州桥，最壮美的桥是卢沟桥，最具艺术美的桥就是扬州的五亭桥。

五亭桥是扬州人引以为自豪的城标；五亭桥，还是扬州城里最令人津津乐道的赏月佳地。今日五亭桥，全长 50 余米、高约 6 米，一共有 15 个桥孔，这 15 个桥孔，孔孔相连，洞洞相通。相传，八月十五的夜晚，划船到五亭桥下，在五亭桥下的 15 个桥孔里都可见到一轮圆月。更有传言说，站在五亭桥不远处的小金山上，在月圆之夜可以看到 16 个月亮：水中 15 个，天上 1 个。《扬州画舫录》中有这样一段记载：“每当清风月满之时，每洞各衔

五亭跨吹台

湖上“金腰带”

一月。金色荡漾，众月争辉，莫可名状。”16个月亮，已成了五亭桥中秋赏月的最大看点。

五亭桥宜远观、宜近赏，更宜登桥四望。向东，可见郁郁葱葱的小金山，河水如带，左右萦绕，山下有平桥卧波，山上有高亭向风，若有晨雾氤氲于山间，定会使人疑是琼岛仙境；向南，则见莲性寺和白塔格外引人注目；向西，则是望春楼和熙春台，这一楼一台，临水而筑，上有碧瓦朱甍，下有衣香人影，若有落霞的映衬，天上人间，怡然入画；向北，则见蜀冈横卧、青翠如障，平山堂、栖灵塔、观音山诸多历史名胜。五亭桥上的“四望”，仅是扬州园林移步换景、人移景随的一则实例。

有人说它是漂在瘦西湖上的一朵莲花，又有人说它是系在瘦西湖上的金腰带。五亭桥，其实是扬州这座城市眉心当中的一粒美人痣，只要风起，便有微波传情，便会让人心生眷念。

第六节　莲性寺里绕白塔

吹台框景，西衔五亭桥，南框白塔。宏丽的五亭桥与素洁的白塔一起，构成了一幅繁华与清丽相伴的人世悲欢图。

五亭桥南坡直下，没几步路，便是莲性寺与白塔景区。莲性寺规模并不大，却是扬州古老寺院之一。《扬州府志》记载："寺创自隋唐而元时重修也。"康熙四十四年（1705）康熙南巡时赐名莲性寺，原先民间俗称"法海寺""白塔寺"的古老寺庙便正式定名为莲性寺了。

康熙帝来时，御制《上巳日登金山诗》一首，书唐人绝句一首，临书董其昌绝句一首，赐"众香清梵"匾，皆勒石建亭，供奉寺中。今莲性寺西侧尚有御碑亭一座。莲性寺多柏树，葱葱郁郁，寺院建筑隐于树间。

莲性寺一度荒废，香火断绝，殿宇败落。1996 年园林大兴，作为瘦西湖重要景点之一，莲性寺得以重新修建。新建的山门殿筑花坛、建石栏、雕石狮，两株老桧柏生机盎然，正中置铁香炉，炉上铸"莲性寺"。山门"八"字墙，巍峨壮观，门上方嵌"法海寺"石额。殿宇三间供弥

法海寺（即莲性寺）

勒佛、护法韦驮、四大天王，后有佛殿楼。一年四季香火兴旺、佛事兴盛，再现了古寺当年的繁盛景象。

莲性寺西侧为白塔塔院，塔南为小广场，置身其间，仰面观瞻，无人不为这蓝天下的圣洁所感染。佛教有所谓“白心”说，言“清净之苦心”也。白塔通体洁白，意在暗示佛性洁净无瑕。“白者，表淳净之菩提心也”，白塔所在即为“白处”。

据瘦西湖文献记载：扬州白塔是仿照京师万岁山塔式，其形式是元时从尼泊尔传来。塔下筑 53 级石阶可登的方形台基，象征宗教里的“五十三参”。台基四周围以栏杆，底为方形折角砖雕须弥座，每面各置 3 龛，每龛一

莲性寺古图

生肖像，合计塑十二生肖，象征周天 12 个时辰。座上有半圈凸起的莲瓣组成的覆莲座和承托塔身的环带形金刚圈，从而使塔身从方形基座自然而柔和地过渡到圆形塔身。塔身若古瓶，内供白衣大士像。上为刹，四周围以圆锥体形的 13 层级，佛教里称“十三天”。刹端置圆角形宝盖，角端悬挂风铃，上托黄铜葫芦顶。扬州白塔较之其他喇嘛塔修长，显得秀丽挺拔、芳姿卓立，为瘦西湖增色颇多。

关于扬州白塔的评说，书中多有记载。沈复在《浮生六记》中说：“桥南有莲性寺，寺中突起喇嘛白塔，金顶璎珞，高耸云霄，殿角红墙，松柏掩映，钟磬时闻，此天

白塔之晨

下园亭所未有者。”陈从周在《园林谈丛》一书中指出：“扬州白塔的造型与北海公园里喇嘛塔形式相似，也是全国保存较好的一座白塔，然比例秀匀，玉立亭亭，晴云临水，有别于北海白塔的厚重工稳。”

关于扬州白塔，还有一个“一夜成塔”的传奇故事。说的是乾隆一次南巡到扬州，负责接待他的是盐商总商江春。乾隆几次幸扬州，所花费用多由他开销，乾隆对他也十分信任。一天，乾隆游瘦西湖，站在钓鱼台上西望，兴奋地说：“这里的景色真像京城北海的琼岛春荫，可惜少了一座喇嘛塔。”江春没有见过北海的喇嘛塔是什么样子，为了讨得乾隆的欢心，也想在湖畔建座喇嘛塔，于是便悄

白塔吐珠

悄地以重金贿赂乾隆身边的太监，请他画了一幅北海白塔的草图，再请工匠买石料，连夜建成一座白塔。第二天，乾隆再乘画舫游瘦西湖，一看五亭桥南面高地上竟然耸立起一座白塔，不禁吃了一惊。听说白塔是扬州盐商一夜砌成，不禁叹道："扬州盐商之财力伟哉！"又传一夜造成的这座白塔，并不是砖石砌成，而是用白色盐包堆砌的。后来这个"一夜成塔"的故事，还记录在《清代野史大观》之中，广为流传，更增加了游人的兴趣。30 米的高塔，即便运用现代科技，一夜建成也不可能。但野史传神，表现了当日盐商与帝王之间的密切关系，也说明了当日扬州工匠建筑艺术之精湛。

瘦西湖有“白塔晴云”一景，却不在此处，而在对岸；从对面遥望南岸，可见白塔高耸、晴云流动，心胸为之旷远。

乾隆年间，“白塔晴云”最先由按察使程扬宗与州同吴辅椿营构，后逐渐湮没。1984 年旅日爱国侨胞陈坤先生捐资于“白塔晴云”旧址上兴建了一座庭院，力图再现当年“名园依绿水，仙塔俪云庄”的秀丽景象。游人入园门，一座嶙峋的湖石假山横隔如屏，山后数丘凸起，有曲径逶迤西去。过石板小桥，桥下沟渠引湖水入荷池。池曲势美，湖石驳岸。桥西又一庭院临水而筑，约 2 亩有余，花墙曲折相围。院门东向，额上“白塔晴云”四字，为大

“白塔晴云”

书法家赖少其所书。院北建屋三楹，匾为“积翠轩”，联句为“叠石通溪水，当轩暗绿筠”。积翠轩沿墙筑曲廊，廊与墙之间窄地植翠竹数竿，乌峰独耸，似从廊柱间突现出一幅“竹石图”。廊南则是仿造的半青阁，阁南凿池，湖石贴壁、铺地、驳岸，深浅宽仄，点缀天然。墙隅拱叠巧石成卷洞，与阁南湖水相通，偶有水浪拍岸，鳞波微起，妙趣横生。程十发书写联句：“小院回廊春寂寂，碧桃红杏水潺潺。”

第七节　湖心小屿，似浮若泅

放眼五亭桥的东南方向，人们会发现一组庭院浮于湖上，如梦如幻，似一只浮水的野鸭，环于水而又凫于水，令人惊异而生探究的欲望。这便是百年前扬州乡绅陈臣朔营建的湖中别墅——凫庄。

凫庄其实是建于湖中的汀屿之上，从庄南曲桥上屿，便如进了一个亭廊池榭包围着的圆圈。然亭廊池榭分布有致，人们并不感觉到围裹的压抑：东榭滨水，为涵碧阁，坐东朝西三楹半，呈曲尺形，四面为推窗隔扇；西榭为绿波馆，面西三楹，外套亭廊，亭为方形花脊板瓦顶，廊沿设美人靠，坐栏下砌板砖花饰；南榭叫芙蓉沜，面北三楹，四面皆半墙隔扇。这凫庄之上，唯有北面是迎着湖面的，客从湖上来，可在北岸上庄。这北面，正是凫庄主人做园

的凫庄

林的地方，堆土叠石为山，山上筑亭，植树栽竹，山南凿地为池，环岸种柳——此处，正是凫庄动人处，可以闻到水的气息，听到水的声音。

300多年以前，今天所谓“凫庄”只是湖中的荒岛。雍正年间，盐商贺君召曾到此创建贺园。从文献上看，贺君召将这里做成了一处建筑密集的海市蜃楼，有春雨堂，有吕仙阁，有青川精舍，有醉烟亭，有凝翠轩，甚至还有一处叫“梓潼”的殿堂。我们今天难以复原当年这岛上哪怕丝毫的信息，因为在咸丰年间，此园遭到兵燹，又变成了荒滩。光绪二十年（1894）前后，大虹桥南面有一位专靠捕鱼为生的张有仁，将这块荒滩开垦。他起早贪黑，辛

当代画家徐中笔下的凫庄

勤劳动，锄尽了杂草以后，在荒岛四周栽上杨柳，中间还种上蔬菜。光绪三十年（1904），贺君召的子孙，凭着家藏的地契文书，把这块滩地卖给了陈臣朔。

这块滩地遇见陈臣朔是有福的，陈在此建起了10多间房屋作为别墅。因在汀屿之上，故借屈原《卜居》篇中“将泛泛若水中之凫，与波上下，偷以全吾躯乎”之意，取名凫庄。这是1921年间的事。

陈臣朔真是一位有生活趣味的人，他是“冶春后社”中人，善辞令，喜交游，有侠气，诗画皆佳。还做过贫民院院长，办过报纸，开过古董店，兼过医学教授。放在今天，他就是男神一般的存在。但这位男神一直保持着清醒

凫庄水廊

的头脑，他的字叫凫忆，他为别墅取名凫庄，一定是希望自己的生活可以自主沉浮，随时可以仰视桥亭之美、俯视游鱼之乐。

凫庄的存在，既烘托出五亭桥的高大雄伟，又衬托了白塔的亭亭玉立，从景观学角度来说，是园林补景的佳作。凫庄又自成一景，四周植梅、栽桃、种竹，与岛上的水榭、水楼、水阁交相辉映。于此观景，亦别有情趣：凭栏观亭影桥影之美，听桥上人语，好像天上人在说话；举首东望，看吹台长屿，如佛掌明珠，伸向湖心，令人叫绝。

曾为荒滩时，它是瘦西湖中一只孤苦凄惶的野鸭子；既为凫庄后，它摇身变为人见人爱的小天鹅了。

第二章

新颜——楼台依傍万花园

第一节 读“小李将军画本”

历史上的扬州，从隋时的离宫别馆、崇殿峻阁到清代的风轩水榭、复道重楼，可谓创造了中国园林史上的一个又一个辉煌。1982 年，国务院公布全国首批 24 座历史文化名城，扬州是其中之一。以瘦西湖为代表的扬州园林，迎来了一次复兴机遇。

1986 年之前，人们游览瘦西湖，沿“长堤春柳”，穿徐园、小金山，折西到达五亭桥便结束了。可是人们从《扬州画舫录》中，分明读到这样的文字：“乾隆二十二年（1757）高御史开莲花埂新河抵平山堂，两岸皆建名园。”也就是说，历史上皇帝的游览线，可以一直到平山堂脚下。

四桥景区

1986年至1991年，扬州园林部门用了5年时间，参考《南巡图录》，依次复建了包括熙春台、二十四桥、“玲珑花界”“小李将军画本”、望春楼在内的二十四桥景区。这几组建筑，宛若自九天飘落的琼楼瑶池，降临在五亭桥以西那片秀美的土地上。

各景点布局呈“之”字形，构造旷奥收放，抑扬错落，务求各面转折对景都是一幅耐人观赏的山水画卷。

“小李将军画本”在二十四桥东岸，这根本就不像一个景点的名字，但解释开来就很好理解了。小李将军，人名，唐朝画家，“小李将军画本”就是一处富含小李将军画境的景致。

在中国画中，有一个分科叫青绿山水画，是以石青、石绿颜色为主色调而凸显庄重富丽的独特画种。唐朝李思训、李昭道父子是这一画种的代表人物。李思训做过大将军，他儿子李昭道自然被人们称作“小李将军”了。

“小李将军画本”是一座两层三楹的楼厅。西面是两个扇形窗，东面是两个六角窗，站在室内从不同角度向窗外望去，只见对面景色时时变换，窗框俨如画框。这种独特的框景艺术，恰如李渔所说的“无心画”“花为画本，月为诗魂”，而窗外所见的正是花和月。“无心画”正是诗人的“本”和“魂”。可见，“小李将军画本”景区实为诗人、词人、画家所设，按其生活创作喜好设计房屋建

李将军画本”

筑，再配上相应的匾额对联，让人充分感受到氤氲的文人气息和扑鼻而来的翰墨之香。

东面与“小李将军画本”相邻的是望春楼。此楼两层五楹，周边有喷泉水池、贴壁黄石假山、木栏小桥，为典型的江南园林建筑风格。楼上四面环廊，放眼眺望，楼景、水景、桥景尽收眼底，游人入内，顿生清凉幽静之感。望春楼下层分别构筑水院、山庭，将山景水景引入室内，真乃匠心独运。楼下左右架曲桥，与“小李将军画本”相通，

望春楼与“小李将军画本”比肩而立

可观熙春台、二十四桥、“玲珑花界”等景观，更可欣赏湖上船游、鸟飞、鱼跃，令人流连忘返。

第二节　二十四桥今何在

“小李将军画本”以西，便是那座千百年来梦幻般的二十四桥！

这座汉白玉拱桥呈玉带状，桥长 24 米，围以 24 根栏杆，两端拾级而上都是 24 级台阶，半圆的桥洞，与水中倒影正好合成一轮满月。桥之东西分别与山涧栈道、三曲平桥错位相接。远远望去，给人以空幻神奇之感，可以想见月明之夜，它会是多么的美妙、迷人！

唐代诗人杜牧在扬州度过了一段放荡的青春生活，除了给今人留下的美文余韵、美人余香，更留下了一个悬疑千古的谜题！

他写了一首诗《寄扬州韩绰判官》：

青山隐隐水迢迢，
秋尽江南草未凋。
二十四桥明月夜，
玉人何处教吹箫。

近百年来，围绕诗中“二十四桥”的争议不断，这是指一座桥呢，还是指二十四座桥？或者另有深意。扬州文化学者韦明铧检索历朝历代留下的那些关于扬州的诗词文章，大体将其归纳为这样几种：

“一桥”说。最有力的佐证莫过于白石道人姜夔的那首著名的《扬州慢·淮左名都》：“二十四桥仍在，波心荡，冷月无声。念桥边红药，年年知为谁生！”细细品味词中意境，当指一座桥无疑。与白石道人同处宋代的另外几位诗人，他们描写的二十四桥，亦可认为是指一座桥。

二十四桥掠影

如韩琦“二十四桥千步柳，春风十里上珠帘”，赵公豫“桥在大业间，今日已倾圮”，吴文英“二十四桥南北，罗存香分”，等等。

清初的历史学家谈迁在其日记《北游录·纪程》中记载了访寻二十四桥的经过，还为此赋诗一首：“斜阳古道接轮蹄，明月扶疏万柳西。桥上行人桥下水，落花尚自怨香泥。”不难看出，他是将二十四桥看作一座桥的。

“二十四座桥”说。这一看法最开始由北宋沈括提出。沈括作为北宋杰出的科学家，以科学的方法、务实的态度，在其传世名著《梦溪笔谈》之《补笔谈》中，对扬州的24座桥逐一进行了落实，详细记载了24座桥的桥名和地理位置。但有人指出，沈括列举出的桥，实际只有23座，其中下马桥出现2次。对一座规模并不太大的城市来说，有2座桥异地同名，可能性似乎不大，文中的2座下马桥，当是指同一座桥。因此，沈括的这一说法并不能让人信服，姑且存疑。南宋王象之在《舆地纪胜》中记述道：“二十四桥，隋置，并以城门坊市为名。后韩令坤省筑州城，分布阡陌，别立桥梁，所谓二十四桥者，或存或亡，不可得而考。”

“编号”说。有人认为，二十四桥是扬州城里编号为“二十四”的一座桥。古代诗歌中常常出现编号桥梁，比如杜甫的诗句“不识南塘路，今知第五桥”、姜夔的诗句

二十四桥夜色

“曲终过尽松陵路，回首烟波十四桥”等。而在关于扬州的诗词中，此类例子也确实不少。如唐代诗人施肩吾：“不知暗数春游处，偏忆扬州第几桥？”张乔《寄扬州故人》：“月明记得相寻处，城锁东风十五桥。”明人林章《送人诗》：“不知今夜秦淮水，送到扬州第几桥？”清代“扬州八怪”之一汪士慎的友人姚世钰也有“记取扬州郭，寻君第几桥”的诗句。这样的说法只是一种推测，或许当时的扬州有对桥梁进行编号的做法，但要说二十四桥是编号“二十四”的桥还需要直接的证据。

“泛指”说。中国古代文化中对数字有一种常见的虚指、泛指的用法，如“三生有幸”“救人一命胜造七级

薄雾中的二十四桥

浮屠”“九层之台，起于垒土”“三百六十行”“七十二变”“弱水三千”等等，这里面的数字并非确指。那么，二十四桥是不是也用来泛指扬州的桥梁之多呢？还是有这种可能的。

几种说法各自自圆其说，谁也没有压倒对方的说服力，谁也无法推翻另一方的观点，因此二十四桥之谜也就一直无从定论。但身世的悬疑未决并不影响人们对二十四桥赋予太多绮丽的想象，“二十四桥”已成为中国文人的一个意象，不必细究与溯源。对于扬州，你来与不来，“二十四桥”，都在那里！

第三节　熙春台前视野阔

在二十四桥景区中，位于中心景观的是气势恢宏的熙春台，历史上的“春台明月”“春台祝寿”都是发生在这里的传奇与史实。复建开挖地基时，发现了熙春台的老地基，证明原址确在此处。熙春台所处的位置极好，和小金山一样，都处于瘦西湖的转折处，东可见五亭桥和白塔，北可望蜀冈，景致十分怡人。在瘦西湖这样一个以湖上园林风光著称、崇尚人工与自然巧妙融合的风景名胜地，出

熙春台

现了这样一个极富皇家气派的楼台，而且还是一个位置极好的观赏台，看过此地的景色，便可知当年为何要在这个位置上建熙春台迎接皇帝。

熙春台主楼两层，碧瓦朱甍，两翼舒拱，密窗丹柱，白石为栏，双层露台近千平方米，可载歌载舞，亦可用来检阅兵马，再现当年“横可跃马，纵可方轨”之貌。“一片金碧，照耀水中，如昆仑山五色云气变成五色流水，令人目迷神恍，应接不暇。”（李斗《扬州画舫录》）去过

故宫及皇家园苑的人便明白，这样的建筑带有皇家气象。但是，它是私家园林建筑，取宽阔宏伟、严谨深幽的特色；两侧取不对称式，北为曲廊，通一角楼式攒尖方亭十字阁，南为叠山，过曲桥进入“玲珑花界”：这样，就改变了森严气象，似皇家建筑而非皇家建筑，成为北方官式建筑在南方的一处翻版。

进入熙春台一层厅堂，迎面的大型壁画采用了扬州传统的漆器工艺手法制作，取名为“玉女月夜吹箫图”，再现了杜牧诗中的意境。厅内陈设的家具上都有“寿”字形图案，侧立两旁的为“双凤夹锣”和“双凤夹鼓”，当年众人为乾隆皇帝祝寿时的热闹气氛如在眼前。据说祝寿用度极为奢侈，全由大盐商江春等人出资，因而江春深受皇上器重，多次进京拜见皇上，皇上将其视为上宾。江春不仅富可敌国，且藏书万卷，康熙、乾隆都曾亲自登门借阅藏书。

大厅四角各有一扇圆形月洞窗，半明半暗，体现了唐代诗人徐凝“天下三分明月夜，二分无赖是扬州”的胜境。熙春台，是瘦西湖乃至扬州的最佳观月点之一。

楼上迎门架三排仿古铜编钟，击之铿锵有声。室内挂竹片，上刻历代文人歌咏扬州的诗词佳句，谓之“二分明月竹简”，立意新颖；室顶挂满各色纸竹灯笼，游人入室，彩灯齐放异彩，令人目迷神恍。有品貌端庄的女子或奏《春江花月夜》或弹《高山流水》，兴致所至，还能欣赏《拔

熙春台二楼窗景

根芦柴花》《杨柳叶子青》等扬州民歌。游人仿佛置身古代扬州夜市千灯、歌吹沸天的胜境之中，受到扬州璀璨古文化的一次熏陶。

熙春台前，立着毛泽东手书的杜牧诗碑，字迹飘逸洒脱，和杜诗的优美意境相映生辉。

熙春台之名取中国古代著名思想家老子“众人熙熙，如登春台”之意，“熙熙”有和乐的意思。熙春台是当年为乾隆皇帝祝寿的地方，因此该建筑处处体现出皇家园林富丽堂皇的宏大气派：所有建筑的瓦顶全用绿琉璃筒瓦，

熙春台前留影

与远处五亭桥的黄瓦朱栋、白塔的玉体金顶相映成趣。

熙春台与对岸的望春楼，其实还是对景的范本。望春楼顾名思义，乃望熙春台之楼，是熙春台的衬景，全然属江南建筑风格。引水入屋，高低错落，青瓦白墙，造型玲珑，漏窗复道，曲径通幽，欲隔还通、欲断还连，古木森森、流水潺潺，与隔岸的熙春台是两重情味、两种境界。扬州园林建筑寓北方之雄与南方之秀于一体，在五亭桥以东属彼此融合，在五亭桥以西则分列两边。游人从湖东跑到湖西，宛如从南国跑到北国；从湖西返回湖东，则又似从幽燕回到了江南。

第四节　扬州文化藏碑廊

由熙春台北行，过九曲桥，就到了苏亭。苏亭乃瘦西湖“筱园花瑞”景区中的一景。乾隆年间两淮盐运使卢雅雨将“小漪南水亭”改名为苏亭，以纪念苏轼。从苏亭开始，拉开了瘦西湖碑廊的序幕。碑廊共有 152 间，长度超千步，是国内仅次于颐和园长廊的第二长廊。

登廊读碑，人们能感受到赏景与读画的双重妙境。由于瘦西湖北区地形复杂，廊则依形攀建，遇水以廊桥跨水相接，遇坡以台阶随势登越，遇阻则以曲廊、角亭承转。

碑廊内，每碑均有释文。沿廊行，可见史可法、查士标、石涛、爱新觉罗·弘历、阮元、李斗、康有为、伊秉

瘦西湖碑廊入口

绶、陈含光等大家诗词，充分感受到帝王将相的彼此唱和。同时，这里也是“扬州八怪”书画艺术的展示区，金农、黄慎、郑板桥、李方膺等人的作品均有展示，如金农的漆书轴、高凤翰的“文别心寄”、汪士慎的《湖上杂诗》、杨法的对联、李鱓的“诗书敦宿好，园林无俗情”、高翔的《泛舟红桥诗》等。碑刻、花窗相映成趣，碑廊、绿柳相得益彰。当代部分，刻有毛泽东、谢觉哉、李一氓、郭沫若、赵朴初、林散之、启功、高二适、欧阳中石、沈鹏以及扬州书家魏之祯、孙龙父、王板哉、李圣和、李亚如等人的手迹。整体碑刻以青石和玉山石为材料，字、画均为安徽工艺师雕刻，刀工精细，笔画流畅，再现了原作的风采和神韵。

李白诗意碑

碑廊中书画名家的作品展现了扬州书画宝库中的精髓，其所传递出的鲜明的扬州色彩和浓郁的笔墨清香，构成了扬州碑廊独特的文化气韵，既为旅游景点，又是文化阵地。它是瘦西湖北区的隐士，平素隐在湖岸深处，偶尔会突出水际。它不仅在平面上迤逦曲折，而且在空间上呈波浪式的飞动态势，宛若长虹卧波。

长廊尽头，是平山堂脚下的来春堂，堂前有楹联："一片彩霞迎旭日，万条金丝带春烟。"堂前水面开阔，岸边柳枝迎风。

第五节　静香书屋居一隅

在充满文化气息的诗碑长廊对岸，有一处水环山扶的窈窕庭院，这就是静香书屋。静香书屋是为了纪念"扬州八怪"之一的金农而建。金农是杭州人，作为"扬州八怪"之首，诗、文、书、画无所不精。虽在晚年方始作画，但就连郑板桥也称誉道："若论画坛稳基人，还让杭郡金冬心。"

古之静香书屋，曾与倚虹园、净香园、趣园并称"四大名园"，代表了清代扬州园林的最高成就。民国年间，静香书屋景观已遭破坏，极少有人参观。现在的静香书屋，是 20 世纪 90 年代复建的。复建时参照了《扬州画舫录》关于静香书屋的记载，参考了清代园林档案中的绘图。复

静香书屋内景

建时将“石壁流淙”中的小方壶、花潭竹屿和如意门中的部分景致糅合其中。主厅面水而建，厅前置一池，池中有水，水面躺睡莲。一艘画舫横卧水间，四围亭廊环绕。黄石假山上有亭。舫为半舫，亭为半亭，石缝间流水潺潺，景色迷人。书房里有文房四宝，书架上置线装古书，圆桌上置一盘残棋，让游人不知不觉间沉浸在“静香”之中。这样的布景格局，颇合金农一首《自度曲》词意，词为：

荷花开了，银塘悄悄，
新塘早碧，翅蜻蜓多少。
六六水窗通，扇底微风，
记得那人同坐，纤手剥莲蓬。

孤傲的人，也有浪漫遐想，坐在水中石船上，回忆当年与情人幽会情味，平日再一脸严峻，也会绽露出一点情意绵绵的神色。

静香书屋

静香书屋，香飘四海。1992 年在德国斯图加特市以同样规模建成静香书屋一座，参加“国际公园展”中国馆的展览。该景观以其鲜明的民族风格和独特的构思荣获“金杯奖”，引起极大轰动。展出之后，斯图加特市的民间组织出巨资购下了扬州这座风格独特的园林，让广大市民可以长久看到中国的园林风光。

第六节　一路北去到蜀冈

1996 年，扬州园林局征用了瘦西湖公园二十四桥景区以北湖两岸 5615 亩土地，兴建瘦西湖公园北区景区，开通二十四桥景区至大明寺两岸的景区。其间，复建了“石壁流淙”的清妍室、“锦泉花屿”的香雪亭、“蜀冈朝旭”的来春堂、“万松叠翠”的春流画舫，新建了梳妆台、小吹台、东西两座门厅，加上前些年建于“石壁流淙”的涵碧亭，这样人们不仅可以从水路坐船游览到平山堂，也可以从瘦西湖东西两岸走小径且谈且行，漫步到平山堂，圆了扬州人萦绕在心、难以拂去的旧梦，让“两堤花柳全依水，一路楼台直到山”的诗句真正成为现实。

瘦西湖北区西岸，为“蜀冈朝旭”景区。“蜀冈朝旭”为清代扬州北郊二十四景之第二十景，当初是乾隆时按察史李志勋的别墅，筑有来春堂、临溪屋、别日轩、“眺听烟霞”“月地雪阶”等名胜，后经临潼张绪重建，形成了“园前以石胜，后以竹胜，中以水胜”的景致。《广陵名胜图记》称其“近蜀冈，初日照万松间，如浮金叠翠”。来春堂旁有小屋，李斗说：“小室如画舫，有小垣高三尺余，中嵌花瓦，用文砖镂刻‘蜀冈朝旭’四字。”“蜀冈朝旭”也是典型的借景，“蜀冈”与“朝旭”都不在园内，而在园外。取名“蜀冈朝旭”或“蜀冈晚照”，是借他景以自美，为古人高明之处。

原来的旧景早已不在，如今的“蜀冈朝旭”景区是在旧址上重建的。来春堂前的白色矮垣上刻有“蜀冈朝旭”

瘦西湖北区景观

四个大字，堂中楹联："一片彩虹迎旭日，万条金线带春烟。"每当旭日东升、红日高照之时，蜀冈的景色被笼罩得分外旖旎，山红水红林也红。今日的"蜀冈朝旭"中建方厅，南为花瓶门，北为梅花窗，给人以古朴清幽之感。人们到了"蜀冈朝旭"都要步入水厅，欣赏这里动人的美景。近窗北看蜀冈耸立，松柏森森，绿树成荫，百鸟翔鸣，大明寺与观音山红墙紫阁，高阁临空，耸立对峙。巍巍的栖灵塔直插云霄，其势皇皇。山下游人熙熙，车来船往，人影幢幢，一片壮丽而又优美的景色。回首南望，绿水荡漾，清波涟漪，水中有堤有岛，堤形有直有曲、有断有续，

岛形有高有低，岛中绿树掩空、亭阁相辉。湖中还有多样的桥梁，中有矾石白桥、平桥、曲桥、廊桥，还有滚木桥，给人以无限的乐趣。“蜀冈朝旭”是瘦西湖与蜀冈名胜交接之处，其景如画，令人徜徉。人们若清晨临水远看，红日照在绿野上，晨风吹在绿野上，鸟雀飞在绿野上，叫人久久不忍离去。

“蜀冈朝旭”景区另有“春流画舫”及“湿地栈道”等景色，隔湖可观“醉月飞琼”“梳妆台”“小吹亭”。往北远眺，可遥望蜀冈之上平山堂、栖灵塔等胜迹。堂、塔今天虽已在瘦西湖公园之外，但在游览版图上，却是不

“蜀冈朝旭”

可分割的。平山堂是瘦西湖一带最高的据点，伫立堂前，近可俯瘦西湖景物，远可眺望江南山色。从瘦西湖湖面远远望去，柳色掩映，仿佛一幅仙山楼阁，凭栏处处皆成图。

第三章

扩容——瘦湖丰处亦窈窕

第一节　湖畔复建万花园

过去，外地人游玩瘦西湖，是一条折尺形的路线：南门进，到小金山；从小金山折向西，直抵熙春台；再从熙春台折北，可直抵平山堂脚下。走到主要景点，半天足矣。而自从2009年瘦西湖景区扩建开放万花园景区后，瘦西湖风景名胜区的范围得到进一步拓展，建成区占地面积1000余亩。这就是今日所见的瘦西湖风景区全貌。走马观花瘦西湖，没有一天绝对看不下来。

据康熙《扬州府志》记载："万花园，宋端平三年

]春色

（1236）制使赵葵即堡城统制衙为之。”在元代，万花园是文人骚客向往之地。根据《中国园林历史年表》记载，当时的万花园方位就是今天的蜀冈—瘦西湖所在之处。

瘦西湖，一个“瘦”字写不尽秀气与灵动，然而，一个“瘦”字也道出了扬州瘦西湖体量偏小的事实。瘦西湖扩容，是扬州几代人的梦想。2006年至2009年，以两年为一期，扬州造园史上规模最大的工程——万花园复建工程全面启动。一期于2007年4月18日建成开放，景点方案设计由中国工程院院士孟兆祯担纲，西、南两面与瘦西湖相邻，北临小运河，东靠长春路，主要通过“花”特别是以琼花、芍药等为载体，展现人文、生态、休闲三大功能。万花园作为瘦西湖的衍生区域，北面是瘦西湖旧景“石壁流淙”所在区域，由北至南依次接续“静香书屋”“二十四桥”“白塔晴云”“五亭桥”等景点，形成绵延不断的湖上风景线。二期于2009年4月10日对外开放，景观紧扣一个“屿”字，着力打造水景观，融入屿、堤等要素，使得宽阔的水面变得迂回曲折，收放自然，做足“水文章”。万花园二期还沟通了原本孤立的宋夹城护城河、保障湖、瘦西湖、杨庄河（小运河）四条水系，再现了历史生态景观。

在设计理念和建设手法上，万花园重点依托瘦西湖的历史文化背景，以花文化为主题，以古典历史名园为线索，恢复了清代二十四景中的“石壁流淙”“锦泉花屿”“绿

园秋景

杨城郭”等历史景观，至此瘦西湖著名的清代二十四景大部分得到了恢复。同时，在尊重历史的基础上，结合地块内诸多历史遗迹，如隋唐记载的九曲池、与宋太祖(赵匡胤)有关的波光亭（即九曲亭）、唐城墙遗址、宋代的古井等，新建了“群芳争艳”“四相簪花”“醉月飞琼”“风泉清听”“史迹寻芳”“戏水融情”等“新八景”，将唐代城门城墙、宋代的亭台、清代二十四景“石壁流淙”“锦泉花屿”和国家级非物质文化遗产的扬派盆景巧妙地糅合在一处，不仅把瘦西湖历史再向纵深拓展，还综合展现了扬州历代文化叠加的精深内涵和独特风格，形成了以水为灵魂、以园林人文景观为内涵、以大明寺为背景的天然秀美国画长卷，进一步彰显了瘦西湖湖上园林特色风貌。作为“万花”之园，其植物配置独具匠心、独辟蹊径，以“水树花石”为基调，累计栽植大树5000余棵，其中1000余棵为珍稀品种，浙江五针松盆景、安徽黑松、江西桂花球等树种更是一树一风景；以“一步一花”为目标，栽植各类花卉200余种、300多万株。新景万花园，与五亭桥、小金山等瘦西湖历史景点交相辉映、相互交融，实现了无缝对接。

第二节 “石壁流淙”水竹居

万花园建设历时4年，大到假山飞瀑，小到楹联雕花，每日每月牵动着扬州人的心。这处园林是扬州建园史上投入最大的工程，汇集了最顶尖的叠石高手、最优秀的雕花师傅，共同创造了10多项“扬州之最”。

“石壁流淙”，万花园内的主景之一，假山叠石为目前扬州最大。据《扬州画舫录》记载，“石壁流淙”是扬州北郊二十四景之一，原为清代大盐商徐士业的别墅。整个景观以叠石假山与建筑相融合，所谓“淙”是指水攒集在高处泻下形成瀑布景观。《扬州画舫录》中描述，瀑布从石缝中泻下，主瀑布壮观，余流则显得“调皮”；瀑布从叠石假山南面泻下，假山南侧形成了“翠潭”。造园讲究水贵有源，此处特点就在于山水环抱，从山后引水，给人的感觉好像园中之水都是来自“石壁流淙”的黄石大山，到山前汇聚，又向坡间林下流去，蜿蜒曲折，激活了整座万花园。景中厅堂，多为旧名。西侧的一组建筑有水竹居、静照轩、曲室，并有一方亭立于山际。其东一组，有阆风堂、丛碧山房、如意馆、清妍室。若从如意馆向北，沿着爬山廊则有一亭，取名“聆清音”，因此亭四周黄石环抱，近处有清泉飞落，泉鸣如琴，由此得名。这两组建筑，东西映照，南北参差，有山石流泉相连，曲桥相接，聚合为一个整体。建筑多取歇山顶式，廊道多为双面空廊形式，青瓦红柱，古朴端庄，形成了一座山环水绕、木映花承、亭立堂接、幽深多致的园中之园。当年乾隆皇帝来此，特赐名“水竹居”。红学家周汝昌教授曾指出，《红楼梦》中最主要的场景——怡红院的内景和潇湘馆的外景，就是以扬州的水竹居为蓝本而写的，由此可见历史上扬州园林的盛名。“石壁流淙”基本按照《扬州画舫录》描述的原样建造。石壁以雄浑见长，主峰高 13.8 米，东西长度 85 米，南北宽度 25 米，用料 2 万多吨，施工难度是扬州近几十年来假山叠石中最高的。“石壁流淙”不仅是华东地区最大的叠石山，更重要的是它展示了扬州园林叠石艺术的高水准。

“石壁流淙”

鸟瞰“石壁流淙”

第三节 “锦泉花屿”海上生

“锦泉花屿”，诞生了扬州第一座水牌楼。万花园中屿多、桥多，园中有20多个屿，“锦泉花屿”是最大的一个。这屿上有一座水牌楼，四柱三门，中门宽阔，高10多米，下可通舟。四柱之下，白石为基，上有三座屋顶，檐下有斗拱支承。中门檐下，东西两面皆嵌石额，上镌“锦泉花屿”四字。牌楼南北两端，隔水与岛屿相接。它既是景区的标志，也是园景的点缀。这种水上牌楼，国内甚为罕见。牌楼下水道，为湖上游览航道进入景区的主要入口。

典籍记载：“锦泉花屿”渐近蜀冈，地多水石花树。有二泉，一在九曲池东南角，一在微波峡，遂题曰“锦泉花屿”。山上构香雪亭、藤花书屋、清远堂、锦云轩诸胜，旁构梅亭。山下近水，构水厅，此皆背山一面林也。山下过内夹河入微波馆，馆后构“绮霞”“迟月”二亭。复道潜通，山树郁兴。中构方亭，题曰“幽岑春色”。馆前小屿上有种春轩。园中绿竹轩，背山临水，自成院落。院内多竹，陈设益精，窗、槛、床、灶、门、联、椽皆为竹制。由绿竹轩经清华阁，一路浓荫淡冶，曲折深邃，可达“笼烟筛月之轩”，此轩为湖上第一竹所，游人至此，路塞语隔，四周皆竹也。

1936年前后，“锦泉花屿”遭毁，成为农家田庄。此次复建万花园，“锦泉花屿”得到恢复性重建。水湾中

“锦泉花屿”水牌楼

泉花屿”景观

建牌楼，幽篁馆、碧云亭、春雨亭、清远堂等沿水岸抱湾而建，有曲廊连接其间，初显当年此园风貌。

新筑“锦泉花屿”东南的高阜上建清华亭，亭前叠湖石，引清华亭东穴中泉水为飞瀑景观。清华亭西南不远，有藤花书屋。屋西有亭，亭畔多梅，曰“香雪”。书屋之南，由绿竹轩、露香亭、锦云轩构成大院落。院内多竹，品种繁多，矮者数尺，高者丈余。轩外更是茫茫一片竹海，形成了独有特色的景观。

第四节　博物馆里有生机

“锦泉花屿”以东，是一座有生命的博物馆——扬派盆景博物馆。它的相对独立性，使它成为万花园中的园中园。

盆景博物馆总占地面积40亩左右，建筑面积3000多平方米。在建筑设计上充分结合了地形特征，从正门看，这是一层楼的建筑，而从东面看，却是两层。在建筑的风格上，采用传统的元素，也融合了一些现代的建筑技艺手法，体现出了古朴典雅之美，与盆景苍古的艺术审美相吻合。正门的右侧，有一组以松、竹、梅“岁寒三友”为主

扬派盆景博物馆

题的小品，长约38米，采用盆景手法，将盆景的几种类型——树木、水旱、山水有机结合在了一起。

盆景博物馆有别于其他博物馆，因为这里的藏品是有生命的植物，是活态的，所以在功能设计上就有了不同的要求。这里主要分为三大区域：室内展馆、室外展区和生产养护区。

盆景是自然与生命的完美融合。所谓“艺术无国界”，和其他众多艺术一样，盆景也架起了人与人、人与自然之间和谐共处的桥梁，今天盆景已经成为一门世界性的艺术。在一层，游人们首先看到的是图文展示，介绍了世界盆景、中国盆景和扬州盆景。

盆景的起源地是亚洲，盆景的故乡是中国。随着盆景文化的传播和交流，许多国家现在也流行盆景。

扬州盆景作为中国盆景的先驱和重要组成部分，它的起源与发展基本是与中国盆景同步的。

馆内还有制作盆景的工具、盆器、几架的实物展示。中国盆景一直有“一景二盆三几架”的考究，扬州传统家庭的客厅书斋，最讲究盆景点缀，若搭配得当，会起到画龙点睛的作用。

二层是盆景实物展示区。盆景其实适宜放置在室外通风透光处，所以馆内的盆景基本都是晚上搬运回后面的室外养护区，早晨再运来馆内陈列布置，天天如此。

扬派盆景博物馆室外展区

扬派盆景是中国盆景“五大流派”之一，它融“诗、书、画、技”于一体，“清秀、古雅、飘逸、写意”的风格和“一寸三弯”的剪扎技艺，至今仍然是扬派盆景区别于其他各派盆景的最显著特征。

在扬州，做盆景的向来不是匠人所为，而是擅长“手作”的艺术家们的行为。“扬州八怪”画树讲究“枝无寸直”，扬派盆景追求“一寸三弯”。这种艺术观的雷同绝非巧合，本质上是源于扬州文化的审美理念。这里面，含有“曲中有直”“屈中求伸”的人生感悟。扬派盆景艺术与中国传统书画艺术融为一体，不同历史时期的扬派盆景，折射出一定时期的社会风貌和审美情趣，如明末的古朴、清代的奢华等，都被扬派盆景忠实地记录下来，并展示给后人。

扬州人与盆景的亲近似乎是天下少有的。古代扬州既有“园林多是宅，车马少于船”之说，又有“家家有花园，户户养盆景”的盛行。扬州之所以几百年来被称为“园林城市”，除了深宅大院内的私家园林，还离不开扎根普通人家的扬派盆景。当代，扬派盆景人才辈出，万觐堂、徐晓白、万瑞铭、林凤书、赵庆泉五人被国家建设部城建司、中国风景园林学会以及中国盆景艺术家协会分别授予“中国盆景艺术大师”称号。2008 年以来，先后有赵庆泉、

扬派盆景代表作《腾云》

林风书、万瑞铭、杜晓波、沈晓阳、汪波、蒋长林、万朋、陆春富、倪国俊、胡旭升、严龙金分别被各级文化主管部门命名为国家级、江苏省级、扬州市级代表性传承人。其中，赵庆泉从事盆景创作40余年，作品多次参加国内外相关展览，并屡获大奖，频频亮相世界盆景大会。

2008年6月，扬派盆景入选中国非物质文化遗产，是目前五大流派中唯一入选国家级“非遗”的。众多传统形式的扬派树木盆景和在传统基础上创新的水旱盆景，都曾在国内外顶级展览和比赛中获得大奖。

第五节　花事寻踪洛春堂

万花园内有座洛春堂，这是一处专门展示与了解扬州“花文化”的庭院，现今成了当代文人醉心花事的首选。

历史上，平山堂真赏楼后有一座洛春堂，今移建于万花园内一山坞中，十分恰当。洛春堂由门厅、主厅、花厅及折廊组成庭院。院内，主厅洛春堂前凿有曲池，池上架一临波平桥，池水与万花园中主水面相通。院内外植有牡丹、美人茶、白皮松、乌桕、丹桂、绿竹、红果冬青等诸多花木。池畔廊边立有透漏空灵的两峰湖石，以石之苍古，更加映衬了牡丹的娇艳。

牡丹，又有“木芍药”“花王”“富贵花”等别称，毛茛科、芍药属，落叶小灌木，花期在4月，为我国特产

洛春堂雪景

花卉，名列十大传统名花前茅。色、香、姿、韵兼得，尤以花大色艳、富丽堂皇著称，号称“国色天香”，长期以来中国人将它作为幸福、美好、富贵、昌盛的象征。牡丹在扬州早有栽培，明代有影园黄牡丹诗会，清代城内及湖上诸多园林亦广植牡丹。

“洛阳牡丹，广陵芍药”，牡丹之侧怎能没有芍药陪伴？洛春堂内，栽种了大量的扬州市花之一——芍药。芍药又名“娇客”“余容”“留夷”“将离”等，芍药科、芍药属，为多年生宿根草本植物，每年惊蛰前后萌芽破土，立夏前后开花。芍药是中国特产的传统名花，花朵丰腴硕

洛春堂前牡丹开

大，色彩绚丽，妩媚多姿，芳香馥郁，被视为美好、喜庆、吉祥、繁荣的象征。扬州早于南北朝时已见栽培，至宋代逐渐繁盛，名品迭出。

扬州芍药中有一名品“金带围”，花呈紫红，有金边镶嵌，宛如宰相的紫袍金带。庆历五年（1045），资政殿学士韩琦知扬州时，一年暮春，“金带围”偶开4朵，韩琦邀来王安石、王珪、陈升之，四人喝酒赏花，酒过三巡，每人各簪花一朵。令人称奇的是在之后的30年中，四人先后皆官至宰相。所以“金带围”花又被誉为“花中之相”，这就是著名的“四相簪花”的故事，沈括《梦溪笔谈》等书中有详细记载。这一流传千载的故事，成了扬州花文化中最为传奇而亮丽的篇章。

第六节 花屿桥连绕遗址

万花园中屿多、桥多，共建有廊桥、拱桥等石桥 15 座、木桥 5 座。靠近唐代扬州罗城西城门遗址的地方新建了一座“醉月飞琼”桥，东西两侧桥栏作砖砌城垛形式，桥面宽敞，下建高大拱门，俗称“水城门”。桥名取自唐宋扬州最负盛名的咏景诗文。唐朝，扬州明月名倾天下；宋代，扬州琼花世上无双。“醉月飞琼”，取意“天下三分明月夜，二分无赖是扬州”“维扬一株花，四海无

“醉月飞琼”桥

同类”；选词于唐代李白《春夜宴从弟桃花园序》中的“开琼筵以坐花，飞羽觞而醉月”及南宋周密《瑶花慢》中的“朱钿宝玦，天上飞琼，比人间春别”。唐代城门遗址就在桥下。

唐代扬州城由子城和罗城两部分组成，子城位于蜀冈之上，为唐代大都督府和官衙治所；罗城在子城南面，是唐代扬州工商业重地和市民的居住区。罗城呈南北长方形，南北长 4.2 千米，东西宽 3.12 千米，面积达 13 平方千米，是今天我们所说的扬州明清古城面积（5.09 平方千米）的 2.5 倍多。当年城内有南北大街 6 条、东西大街 14 条，折射出昔日扬州的繁华。

这座城门是唐代扬州罗城上的一座西城门，也是近几年全国发现的最为完整的一处唐代城门遗址。遗址面积近 3000 平方米。根据目前的考古成果推断，当年罗城共有 13 座城门，其中东门 4 座、南门 4 座、西门 4 座、北门 1 座。在一面城墙上就有 4 座城门，这在全国是绝无仅有的。目前是扬州西城墙上现存的唯一一处城门遗址。

唐城门遗址上采用了钢化玻璃罩进行保护，但为了让游客更为直观地感受唐代扬州西城门的旧貌，园方在考古发掘的基础上，在唐代城墙东侧，采用了长 40 厘米、宽 20 厘米，形状、尺寸、风格与唐代城砖相似的砖，对城墙进行加高，展示原貌。考古可知，原先的城门十分气派，

唐代罗城西门遗址

城门宽 10 余米，门洞深 10 余米，城墙高 10 余米。当时这里设有道路，方便进出城门。今天我们站在这里，可以想象当年“车如流水马如龙”的繁盛景象。

唐城扬州遗址不远处是波光亭。波光亭原名九曲亭，蜀冈上下，自隋唐两宋以来，即为游冶胜处，故迹亦多。明嘉靖《维扬志》云：“隋炀帝尝建木兰亭于池上，作水调九曲，每游幸时按之，故谓之九曲池。”后据《扬州府志》中记载：宋太祖赵匡胤破后周李重进，北宋嘉祐八年（1063），驻跸蜀冈寺，下令重建九曲池，九曲亭后改称波光亭。可见，宋代于隋唐九曲池旧址，不断营造亭榭。苏辙曾写道：“可怜九曲遗声尽，惟有一池春水深。”南

波光亭

宋以后池在亭废。清乾隆年间，按察使陈玓（dì）于九曲池亭旧址建“双峰云栈”，为二十四景之一。光禄寺卿汪应庚之孙汪冠贤于九曲池建“接驾厅”，在此接驾乾隆皇帝，无比辉煌，不禁令人想起诗中的描述：“池水亦何曲，水曲无急流。六朝风月地，自古重扬州。”

万花园内水面多姿多态，宽阔处广有百亩，宛转处静水一湾。西岸边，有含青水榭，东接水上百米长廊。水中

长廊是万花园的一大特色，蜿蜒曲折，也是园内观水景的佳处。长廊中途，有一单檐菱形双亭耸立，题名“波光”。两侧对联云“插深池之清泚（cǐ），临苍霭而高骞”，出自宋人陈造《波光亭赋》，此赋现已题刻于波光亭壁。“清泚”意为“清澈”，“高骞”犹“高举、高飞”。对联生动地描绘了波光亭的形貌。远看这座单檐双亭，确实有立于粼粼波光之上、展翼欲举欲飞之态。

在唐代西城门遗址的东北侧,有一口南宋时期的古井,它和唐城遗址共同见证了万花园区域的历史悠久,古意盎然。考古人员在井中还挖掘出了元代的"枢府瓷器"碎片、镏金的元代发簪,让人大有与古人对话之感。

第七节 前人旧句成新联

万花园内,诞生了 30 年来扬州园林第一长联。

当万花园内各个景点已初露端倪的时候,如何给这些亭台楼阁装点楹联成为万花园建设方考虑的重要事情。2007 年春节期间,建设方邀请扬州文化界颇具声望的汤杰、许少飞、朱福烓、曹永森四位先生到万花园寻访,并就园子的整体布局、景点历史、文化背景、建筑特点和当时的建设情况做了介绍,请他们为万花园内的楹联掌舵。四位先生达成共识:有的景点原先有楹联的,尽可能避免另起炉灶,以防止失去文化传承的根;如果实在找不到"历史",尽可能使用《扬州画舫录》上记载的唐人、宋人的名言名句;对于前两方面都办不到的,最好集前人旧句成联。例如水竹居处的楹联"水色清依榻,竹声凉入窗",就来自乾隆的诗。因为"水竹居"是乾隆赐名的,当年乾隆还为这里写下了这首诗。再如清妍室楹联为:"露气暗连青桂苑,春风新长紫兰芽。"前句为李商隐的诗,后句为白居易的诗。种纸山房处的楹联,则取自一首古人歌咏

万花园的旧句新联

芭蕉的诗句。万花园大门楹联，由于位置特殊，是这个园子中最重要的一副楹联，如何使其既反映出扬州的历史文化，又体现万花园的特点呢？诗有格律，词有谱，曲有调名。古人虽未制定联律，但律在联中。由于对联长短不限，结构复杂，人们对联律的理解不尽相同，但是常见的楹联大都在二三十字以内。为了能拿出与其特殊的位置相适应的楹联，四人首先对大门的高度做了测量，根据该门高度较高的特点，决定为这里配一副长联。经过反复推敲，大家最终做出了一副集前人旧句再创作的楹联，最终定稿曰：

“青山隐隐，碧水迢迢，径草新生长短绿；丹阁巍巍，朱栏熠熠，园花尽绽浅深红。”上下联共 30 字，成为 30 年来扬州新景中的第一长联。

第四章

盛况——文艺及诗情市景

第一节 瘦西湖船娘，“两桨如飞静不哗”

要细细品赏瘦西湖上的万千风情，不可不乘一回摇橹船；要领略瘦西湖的人文，不可不听一次瘦西湖上摇橹船娘的清曲小调。船娘是瘦西湖上一道旖旎瑰丽的流动风景，点染湖山，增色游程。

据作家刘水考证，瘦西湖船娘，应该是在明清瘦西湖景区形成而有了游船画舫后诞生的一新兴职业。“春秋假日里的绿杨城郭，风是细细的，柳是柔柔的，湖是盈盈的，月是溶溶的，在这样一种软玉温香的氛围里，如果让七尺大汉来撑篙划桨，端茶递水，解释风光，岂不大煞风景？这角色，显然只适合女性来担当。”

而扬州文化学者韦明铧将扬州船娘的历史追溯得更早：“扬州船娘最早起源于隋朝，隋炀帝下扬州时，在古运河上不用壮丁划船，偏爱美女背纤，所以船娘得以出现。自隋炀帝后，各朝代都有船娘，并逐渐形成一种职业，与船夫相对应。”他的见解与作家刘水的考证并不相悖，刘水文字专门描绘的是“瘦西湖船娘”。

画舫无疑是游览扬州瘦西湖的标志性交通工具，将游客们载往各处。然而，它不仅仅是一种工具，它本身就已经成为一道景观，以至于李斗的著作《扬州画舫录》也以之为名。这些画舫体现了园林建设对旅游业的直接影响，因为它们的数量随着园林的建造而增长。李斗列出了顺治

当代画家张宽笔下的船娘

年间 3 条、康熙年间 5 条、雍正年间 6 条和乾隆初年 12 条画舫之名。然后，“迨丁丑后，凿莲花埂，浚河通平山堂，遂为巨洹津，画舫日增”。运河上的交通变得如此密集，以至于引入了规章制度：画舫需要经过登记，才能在城里和周围的 12 个码头之一靠泊。李斗发现自己写作该书时有 235 艘在册画舫，还有许多未登记的船只，它们虽然不准在码头停靠，却可以在其他地方拉客。在最繁忙的季节，可资雇用的画舫总数更多，价格也随之高涨。画舫载着观光者沿着运河前进，从天宁门往西拐，来到瘦西湖的门户——虹桥。这里原有一家酒肆，1757 年皇帝巡游时变成了一座官园，但仍由原先的业主承包下来，继续料理酒肆。它昼夜营业，白天挂着帘子作为招牌，晚上挂着灯笼，出售绍兴和扬州出产的各种酒。画舫出虹桥即进入瘦西湖，穿过各处水湾，绕着各个小岛蜿蜒而行。不管走到哪里，都能看到茶馆和酒肆。

晚清到民国，我们在更多文学作品里看到了瘦西湖船娘的踪影。晚清扬州才子、“冶春后社”成员辛汉清在

船过吹台

《小游船诗》里，曾吟咏了瘦西湖上的8位美船娘，她们是钟莲娘、转娘、挡子、巧姑、沈家娘、洪四娘、小蔚、五子。1928年，郁达夫来到瘦西湖，初见五亭桥，心情顿时豁达开朗起来。他在《扬州旧梦寄语堂》中这样写道："还有船娘的姿势也很优美。用以撑船的，是一根竹竿，使劲一撑，竹竿一弯，同时身体靠上去着力，臀部腰部的曲线和竹竿的线条配合得异常匀称，异常复杂。若当暮雨潇潇的春日，雇一容颜姣好的船娘，携酒与菜，来瘦西湖上游半日，倒也是一种赏心的乐事。"朱自清在《扬州的夏日》中这样描写船娘："你们也可想到的，女人撑船总要贵些；姑娘撑的自然更要贵啰。这些撑船的女子，便是有人说过的'瘦西湖上的船娘'。船娘们的故事大概不少，但我不很知道。据说以乱头粗服，风趣天然为胜；中年而有风趣，也仍然算好。"1931年9月8日上海报纸《金刚钻》刊登了一篇署名"健客"的《瘦西湖上话船娘》的文章，其中写道："瘦西湖为扬州最名胜之地，风景绝佳，每当春夏，湖中游人如织，瓜皮小艇络绎不绝。"在这篇文章当中，作者将瘦西湖的船娘按照品第分为三个等级：第一等是三银、巧云和连弟子，被喻为瘦西湖"三艳"；第二等有二姑娘、小四子、小才子；最后一等就是"黄面跣足、然亦有其乡村风韵"、卑微不足道的船娘了。在这篇文章中，对船娘三银的描写着墨最多："有名三银者，为前数年艳噪湖上二银之妹，年纪十五，秀丽天然，且知书识字，聪慧过人，而其体态苗条，秋波明媚，尤非一般船娘所及。自去岁操舟以来，裘马少年莫不为之颠倒……”和三银齐名的还有巧云和连弟子。

民国时期瘦西湖上的船娘

当代瘦西湖船娘，除秉承了历史上扬州船娘的淳朴热情，还具有鲜明的时代特征，成为今日扬州著名的服务品牌，特别是2009年大学生船娘的上岗，更是为船娘烙上了时代的印记。1994年，瘦西湖景区举办了一场溱潼会船表演，结束后留下了6艘木船。景区决定增加一项水上游乐项目，便招聘了几个会划船、会游泳的兴化船娘。随着旅游业的发展和游客需求的提高，景区又分批招进了一些船娘，并要求船娘学会景点讲解、唱扬州小调。2008 年，“扬州船娘风情文化”被扬州市政府列入第一批市级非物质文化遗产。2009 年，瘦西湖招聘船娘，5 位女大学生成功应聘，瘦西湖“大学生船娘”应运而生。她们备受关注，先后成为央视“今日说法”“小崔说事”“非常 6+1”等栏目的报道主角。实际上，扬州船娘已成为“流动在瘦西湖上的扬州名片”。

随着扬州旅游业的发展，原有的船娘已经不能满足游客的需要，对船娘的综合素质提出了更高的要求：船娘不仅要会摇橹、会讲解，还要会唱扬州小调，甚至要至少会说一门外语。同时，扬州旅游水系的延伸也使得对船娘的需求量日益增加。

2014 年 11 月，又一条关于瘦西湖船娘的新闻走红网络。扬州市旅游局、瘦西湖水上游览公司、蜀冈—瘦西湖风景名胜区管委会联合扬州职业大学，为瘦西湖 45 名船娘开设“船娘班”。新形势下的瘦西湖船娘，还要会吟诗词、唱扬剧、说扬州评话、讲扬州方言。瘦西湖船娘的导游词，其主要内容原本与瘦西湖风景区导游所用导游词基本一致，而这次“船娘班”开设后，对船娘导游词进行了大改。中国大运河申遗成功后，“扬州水资源”成为“船娘班”重要的授课内容。这个班还教授船娘用扬州方言演唱有代表性的扬州诗词。在这之前，船娘只会传唱《乖乖隆的咚》等三首扬州小调，而在“船娘班”上，船娘们学

当代船娘多才多艺

习到了更多的扬州小调、扬剧和扬州评话。

2017年9月，“船娘班”在“京杭之心”进行了汇报演出。这些船娘除了会摇橹、唱扬州小调外，还会唱扬州清曲、弹琵琶、说英语、练瑜伽、游泳等多项技能。瘦西湖风景区根据她们的技艺进行评星，技艺越高，星级就越高。以瘦西湖“船娘班”为金字招牌的瘦西湖文化旅游股份有限公司被全国总工会授予“全国职工教育培训示范点”。

第二节　乾隆旅游线成为文人学士郊游的热线

清代大戏曲家孔尚任曾写过一篇细致的“导游”扬州

的文章：“广陵之胜，以平山堂为最，其所称红桥、法海寺、观音阁者，皆平山堂之附丽也。红桥稍近，冶游者及之，而必放于法海寺；平山堂稍远，韵游者及之，而必放于观音阁。然四者亦各有所宜。红桥之傍，游人杂沓，柳掩花映，宜于春者也。法海寺上，殿阁高敞，藕花四围，宜于夏者也。至于松林修洁，远对江山，平山堂特宜于秋者。若断草寒塘，若古城高下，冬之游者，盖非观音阁不宜矣。由红桥而法海寺，由法海寺而平山堂、观音阁，随景物之次第，由春而夏，由夏而秋冬，顺天时之变迁。譬之为诗者，其中联也。起于红桥，承于法海寺，结于观音阁，游人之亦如选诗，虽手眼甚高，必不能分寸逾行墨焉。”

孔尚任指出了重建后的平山堂在休闲旅行路线中的地位。乾隆年间，为方便皇家游船的通行，新挖了一条河道，这条路线被分成水陆两部分。游人自镇淮门（也叫广储门）进城，舟行至法海寺，再往前就得步行了。孔尚任的评论强调了欣赏景致的季节性。每处景点都与某种特定的情调相关，不同的季节人们青睐不同的景致。这种季节性的情调也体现了不同人群的嗜好，如春天适合踏青，是青年男女最爱出游的季节，而秋天适宜怀旧，历来是文人学士所偏好的季节。袁耀《邗上胜览图》对 1747 年的路线进行了描摹。虹桥在平山堂的左下方，正中间是法海寺，康熙南巡期间将其更名为莲性寺，平山堂和观音寺高高在上。

此画严密细致地展现了建筑物的特色，并附有商业性质和旅游性质的景点简介，这表明18世纪时这条旅游线路广受欢迎。

乾隆确立、文人学士追捧的热线具有相当高的观赏性。今天的扬州，重新开通了“乾隆水上游览线”，展现了“乾隆下江南，畅游瘦西湖”的宏大场面。

“乾隆水上游览线”是瘦西湖景区精心打造的精品项目。1991年4月18日，第一条“乾隆”号游船下水，标志着“乾隆水上游览线”的正式推出：从天宁寺乾隆皇帝

隆水上游览线”

行宫御码头乘坐龙舟画舫，沿乾隆湖上游程到平山堂。十里碧波，两岸名园，流连湖上风景，聆听乾隆逸事，品尝御宴佳肴，可以从容体验瘦西湖上一段帝王般的美妙时光。30 年来，画舫也在改善，材质从木质到钢制，再演变到玻璃钢；为了保护瘦西湖水质，加上有噪声污染，原先柴油和汽油动力的游船，用电瓶船取代。

瘦西湖景观都是在湖的两岸，即使离湖远一点的白塔、法海寺等景点，也能从水上观赏得到。在湖中间，前后左右都可以看，四面景观尽收眼底，而且随着游船前进，船在水中走，人在画中游，前后视觉效果也会不断变化。如果游客在岸上游览，就找不到这样的感觉。也因此，流传着这样一种说法：“扬州景色秀，妙在水上游。不作水上游，不算到扬州。”2012 年 6 月，一直服务于旅游团队和商务游客的“乾隆水上游览线”首次向个人开放，散客只需花 50 元船票钱，就可畅游瘦西湖近 90 分钟的行程。船上同时推出船宴服务，为游客提供价格亲民的早点：三丁包、千层油糕、菜包、烧卖各一个，还有一份干丝和水果。皇家文士的快意人生，自此普通市民就可以随时享受。

2014 年 4 月，瘦西湖推出《乾隆下江南，畅游瘦西湖》大型实景演出，将扬州的秀美山水风光和深厚文化底蕴以“乾隆下江南”花船巡游方式，更生动、更贴近游客地演绎出来。表演以歌、舞、杂剧等形式，再现了乾隆下江南游瘦西湖时，八大盐商迎驾、皇帝与民同乐、熙春台为乾隆皇帝祝寿等情景。实景巡演中，既有众多有扬州味的戏剧，如扬州清曲、扬州木偶戏等，也有宫廷舞蹈如“花开吉祥”“惊鸿舞”等。巡演以写实的方式对乾隆下江南的故事进行再创作，让游客近距离切身感受当年的扬州文化和习俗，从而使简单的“看风景、听历史”变成有趣的体验和参与。

“帝”“后”游瘦西湖所乘龙凤双舟，船体长 13.8 米、宽 4.2 米，上面分别刻画有龙纹及凤纹图案。龙舟分为三层平台：顶层为“乾隆”及“后妃”，中间为“侍卫太监”，最下面为舞蹈演出的平台；凤舟也分为三层平台，顶层为

“帝”“后”畅游瘦西湖

“皇后”。巡演路线从盆景园饯春堂出发，沿途经过瘦西湖主要景点“长堤春柳”、小金山、五亭桥、白塔等，一直到达熙春台上岸，并在熙春台举行祝寿演出。服饰方面十分考究，仅“乾隆皇帝”的服装就花了好几万元，其他角色还有“太后老佛爷”“香妃”“大太监”“旗牌官”“盐商”“兵勇”“御前带刀护卫”“宫女”等，表演人数多达 80 人；道具也有很多，有“肃静”和“回避”虎头牌、龙旗、抓斧钺矛戟刀叉戈等八大兵器、净鞭等。

游“乾隆线”、看《乾隆下江南，畅游瘦西湖》实景演出，你会不会产生一种穿越回古代的感觉？

第三节　7000 人唱和的盛景到国际诗人追慕桥下

蜀冈—瘦西湖范围内，从来就不乏各种聚会活动，文人士大夫的诗会、雅集、修禊不断，给光辉的文学史和园林史留下了一页页璀璨的篇章。

“扬州好，第一是虹桥。”这是清代人写的一句有名的词。今天的虹桥，在瘦西湖公园的南门外。追溯它的身世，起先是明人架的一座木桥，因为桥的栏杆为红色，故名“红桥”。到清代中叶，木桥改建为单拱石桥，如同彩虹卧于波，便又称“虹桥”。一座桥再怎么好看，它也不大可能在名胜的方阵内排为第一，但是在扬州，从来没有人质疑过这句词的正确性，因为虹桥是广大文人修禊的“永久性会址”，一座充满着文化能量的小桥，自然也因为华彩夺目的修褉而名动天下了。

修褉，是源于周代的一种古老习俗，即农历三月上旬“巳日”这一天或农历七月十四日这一天，人们相约到水边沐浴、洗濯，借以除灾去邪，分别为春褉与秋褉。后文人饮酒赋诗的集会，也称为“修褉”。历史上最为有名的

当代画家陈绍棣笔下的虹桥

修禊当数发生在东晋会稽山阴的“兰亭修禊”和发生在清代扬州的“红桥修禊”。

1659 年，王士禛出任扬州推官。1662 年春，王士禛与在扬诸名士修禊于瘦西湖红桥。此次修禊，王士禛作《浣溪沙》3 首，众皆唱和，后选出 10 首辑为《倚声初集》。1664 年春，王士禛再次与诸名士修禊于红桥，作《冶春绝句》20 首，其中脍炙人口的一首为：“红桥飞跨水当中，一字栏杆九曲红。日午画船桥下过，衣香人影太匆匆。”

自此红桥声名大噪，孔尚任、曹寅等人纷纷追踪到此留下诗文。1757 年，卢见曾出任两淮盐运使，效王士禛“红桥修禊”之事，一到扬州即邀集诸名士于倚虹园“红桥修禊”厅，作七言律诗 4 首，其中有“十里画图新阆苑，二分明月旧扬州”“雕栏曲曲生香雾，嫩柳纷纷拂画船”“冶春旧调歌残后，独立诗坛试一更”等诗句。当时依韵和之的有 7000 余人，汇得 600 余卷。

经过三次“红桥修禊”后，原为普通木桥的“红桥”，变成了极富美感的“虹桥”。1757 年修禊之盛事，有绘本《虹桥览胜图》传世，这是红桥首次改作虹桥。

潺潺水声，曾唱和过无数诗人的吟咏；盈盈春水，曾荡漾过昼夜群集的画舫；粼粼波光，曾映照过康乾帝王的龙舟；蒙蒙烟霭，曾弥漫过多少欢乐的梦境……虹桥修禊，规模愈来愈大，到了曾宾谷时代，诗人们登船、喝酒、作

《虹桥修禊》古图

诗、作画、高歌、狂舞，画舫周游于虹桥蜀冈之间，这一天已经演变成为诗人的狂欢节。于是，修禊成为官民之间、文士之间相互沟通的一条渠道。

这样的文学活动，官民没有阶级的区分，不必太多的耗费，又能像节庆一样热闹。

虹桥修禊作为一场文化盛景在历史的记忆中凝固了200多年。所幸，今天又有一群对诗歌心怀敬仰的有识之士借时代的东风，在瘦西湖畔再度发起了一场以诗歌传递风雅、倡导诗意生活的“秋禊”——国际诗人2011年蜀冈—瘦西湖雅集。或许，这次活动从规模上与传统不可比拟，但就它横连中外、纵贯古今的视野范围及价值意义来说，应堪称是一次突破。因此，2011 年 12 月 3 日的“虹桥修禊”应该算是让传统文化“活”起来的新开端。

2011 年之后，瘦西湖每年均举行规模大小不等的修禊活动，赠兰草、佩香囊，追随古风，力求真实还原“修禊”仪式的全貌。

到了 2019 年的瘦西湖“虹桥秋禊”，这场诗歌盛会更是融汇了运河、古乐等诸多东方美学智慧的元素，向世界展现了扬州这座运河名城的质感与诗意。11 月 29 日下午，秘鲁诗人雷纳托·桑多瓦·瓦西加洛普、希腊诗人安纳斯塔西斯·威斯托尼迪斯、匈牙利诗人克里斯蒂娜·托丝、美国诗人爱丽丝·佩特威和上百位中国诗人，一起来到虹桥修禊现场，在扬州非遗传承人夏梅珍女士的引导下，进行虹桥芳信、禊词祝祷、净手焚香、祀秋祈福……

第四节　国际盆景大会，自然与人文的完美融合

2013 年 4 月的扬州，吸引了世界的目光，有“烟花三月”国际经贸旅游节、国际盆景大会、鉴真国际半程马拉松赛、亚欧会议未来发展方向研讨会等 4 场国际性活动相继在扬州举行。其中，4 月 18 日至 20 日，以“传承文化，亲近自然”为主题的国际盆景大会是国际盆景协会成立 50 年来最成功的一次盛会，44 个国家和地区的 500 余

名嘉宾参会，中央、省、地方及行业媒体对大会进行了全方位、多角度的报道，美国探索频道亦对此次盛况进行了播报。这是国际盆景界近距离了解中国盆景艺术魅力的一次盛会，吸引了数万名来自世界各地的盆景爱好者前来参观。

经过积极争取与申办，2010 年 10 月 5 日，国际盆栽协会与扬州正式签约，将 2013 年国际盆栽协会 50 周年庆典暨国际盆景大会的举办权交与扬州。签约仪式上，“国际盆栽大师”赵庆泉热泪盈眶，这一天，他整整等了 30 年。1980 年，赵庆泉第一次出国，参加在日本举行的世界盆景联盟会议，成为国内盆景界出国第一人。在这次国际会议上，他发现，每个国家的代表发言之后，都会说上一句“感谢日本创造了盆景艺术”，这让他非常郁闷。因为他知道，唐代的壁画中就有盆景的记载，起码要比日本早上三四百年。随后，只要有机会出国，他都会向金发碧眼的外国人展示扬州盆景的博大精深。

赵庆泉常常想起广陵路 33 号院落，那是他童年的家宅，父亲在其中摆满了各式盆景，他常常游历其间，品味着它们的巧夺天工。赵庆泉高中毕业后，下放乡间，但是盆景还是让他魂牵梦萦，看不到盆景，就做小亭子、小房子这样的配件。他也正因这特殊的“专长”而被调回城里。本来，他有机会参加高考，却因为找不到有关盆景的专业

国际盆景大会盛况空前

而放弃，一门心思在红园从事盆景创作。数十年的坚持，让他在盆景圈内声名鹊起。他和徐晓白等人合作，写出了国内第一本盆景专著；他成为第一个在世界盆景大会上表演的中国人；他的水旱盆景，屡获国际大奖；如今，他又成了“扬派盆景”的国家级代表性传承人，获得国际盆栽赏石协会颁发的“国际盆栽大师”称号、证书。这些年来，他数十次出国，宣传扬州盆景，在国外的现场展示不下百次，渐渐地，国际上也开始承认盆景是由中国创造的。

国际盆栽协会与扬州的签约仪式上，赵庆泉率表演团队现场制作了“丛林式盆景”《山居图》，引起嘉宾们阵阵叫好。国际盆栽协会会长苏义吉赞誉道：扬派盆景具有

赵庆泉在国际盆景大会上现场制作并讲解

丰富的古典人文气质，保留了中国固有的文化艺术价值，并且十分符合当今盆景创作的国际流行趋势。

这是一次仪式最简约、阵容最豪华的国际盆景大会。2013 年 4 月 18 日，中国扬州“烟花三月”国际经贸旅游节暨国际盆景大会在东关街上的街南书屋开幕，600 多名国外嘉宾和 3000 多名各地客商相聚在扬州，以节会友，共享商机。这里没有喧天锣鼓、没有鲜花彩旗、没有大红地毯，整个会场显得特别简约、简洁、简朴，但气氛热烈而隆重。

每一盆参展的盆景，都花费了盆景艺人十几年甚至几十年的时光，大到树干，小到枝叶，都是不能损伤的。

扬派盆景代表作《幽林曲》

因此运输时每盆盆景都被绑在货车上，车厢里还垫有河沙，避免跟车厢接触，同时还要减震。宋夹城内集中展示的200余件全国盆景精品，就是这样一路风尘来到了扬州。另外，还有200余件扬派盆景精品在扬派盆景博物馆内展示。这是一次国际盆景界文化、技艺交流的盛会，13位国际著名盆景大师、赏石专家、陶艺大师现场进行技艺表演和盆景赏石讲座。4月18日下午的宋夹城，4位国际盆景大师向现场观众表演了精湛的盆景制作工艺，受到了热捧。小林国雄主要表演了“舍利干”（自然生长的树木常有部分树体死亡，形成枯荣互见、从死相依的局面，死去的木质部分是天然的舍利干）制作方法；吴成发主要向观众展示了岭南派盆景的修剪技艺；罗明轩表演的是盆景改形；刘传刚则拿出自己的看家本领，现场制作风动式盆景。

4月20日下午，2013·国际盆景大会在瘦西湖盆景纪念岛发布《扬州宣言》，国际盆景协会主席和扬州市市长共同为《扬州宣言》揭碑。当天晚上，举行2013·国际盆景大会颁奖典礼，《玄妙》《画魂》等10件盆景作品以及《鉴真东渡》《如意》等10件赏石作品分别荣获盆景和赏石金奖。

短短3天内，来自不同国家的13位盆景、赏石和制盆大师，为市民和游客奉献了精妙绝伦的创作示范表演和专业讲座；代表当今一流水平的400件中国精品盆景、100件赏石作品及100幅国际精品盆景图片，向人们展示了盆景艺术的独特魅力。为纪念本次大会的成功召开，向更多盆景爱好者倡导“传承文化、亲近自然”，国际盆景协会在成立50周年之际发表了《扬州宣言》并勒碑纪念。《扬州宣言》石碑是本次大会在扬州留下的永久印记，它将与纪念岛上国际盆景大师的作品展示墙共同成为瘦西湖风景区内永久性的景点。

第五节　万花会，一场春天的约会

随着主持人宣布开幕，万花园蝴蝶翅膀状的大门缓缓打开，主席台上的嘉宾们同时打开了装满蝴蝶的盒子，广场上立即出现“花香蝶自来”的美妙情景，蝴蝶纷飞，鼓乐喧天，彩球飞扬……人们忘不了2008年4月18日首届万花会开幕现场，200多万株花卉被设置成花境、花溪、花坛、花门、花廊等10多处花卉景观和春夏秋冬四季花境。

同时，景区内还举办了“万花神韵”插花艺术展以及各种巡游类表演，以万花仙子、琼花、芍药等为主题的6辆花车在景区内特别醒目，各种卡通人物摆出可爱的造型，游客们仿佛置身童话世界。

每年的4月18日至5月18日，万花会与扬州“烟花三月”国际经贸旅游节同期举行。万花会作为扬州历史上花的盛会，在宋朝就有记载。为再现历史盛景，传承花卉文化，自2008年起，瘦西湖景区承办中国花卉协会、扬州市人民政府共同主办的“中国扬州万花会”，以新建的万花园为载体，以扬州深厚的文化底蕴为支撑，集花卉观赏、花与艺术、花与饮食、花与养生、花与民俗为一体，连续举办的万花会已成为在全国具有一定影响力的花事盛会。上千种、数百万株（盆）扬州名花、中国名花、国际名花在万花园竞相争艳，中外嘉宾徜徉在花的海洋里目不暇接。同步举办的花车巡游、通草花作品展、花卉摄影展、花卉书画展、盆景大讲堂、花艺讲坛、欧美风情及“四相簪花”“花开富贵”“花开祥瑞”专题歌舞演出、“幸福家庭幸福花”斗花大赛，还有“花卉进万家”“扬州八怪真人秀”“花卉养护讲座”“情定万花园·玫瑰婚典”“幸福像花儿一样”“墨香琴韵”“走秀·彩绘”“万花迎春会，芳香弥雅来”“魔法双琴汇”“魔术变变变”“亲子嘉年华”等精彩纷呈的主题活动，让市民和游客在领略瘦

年万花会

西湖美景的同时，广泛参与其中，深刻感受地方文化风情。

2008 年，市民和游客在万花园内看到了冰岛虞美人、南非万寿菊、南美羽扇豆等 86 种来自欧洲、非洲、美洲等地的奇花异草；2012 年，万花会的举办走向一个转型，首次引进“花经济”概念，以花为媒，衍生了更多的文化产品，高仿真、物美价廉的花环柳帽、花茶、花酒、花饰等将瘦西湖变成了花的海洋。2017 年 4 月 8 日起，万花会每周一个主题，分别为“赏花——万花缤纷寻芳踪”“探花——锦上添花游园汇”“品花——古韵雅集凝花语”“恋花——十年花约看今朝”，让游客每周来景区都有亮点和

2020 年万花会

惊喜。

2020 年，因新冠疫情的影响，瘦西湖万花会开启了“云端”旅行，邀请网络大咖与当红主播来到万花园，走进“郁金香花海”“海棠花坞”“桃源花溪”“樱花谷”等赏花胜地，用镜头向粉丝们展示万花齐放的扬州春色。“十里桃花”“缤纷海棠”“浪漫樱花”“无双琼花”和“唯美芍药”五大赏花主题纷纷亮相央视、“学习强国”等国家平台。

花，开出了扬州人的情思与绮梦；花，也成就了扬州城的浪漫与瑰丽。在连续赏玩了多届万花会后：扬州作家王资鑫写下了著名的《花城赋》：“烟花扬州图画里，登花坛巅峰，执花使牛耳，汇花苑众芳，邀花客相逢，举办万花会，原本是有底气的。因为，扬州不仅是水城、鹤城、月亮城，我以为，扬州还是一座花城。”他从栽花、赏花、读花、制花、戴花、咏花、赛花等各个方面，饶有兴趣地分析了扬州的花事。“栽花似乎成了扬州人的本色劳作，城里人把花栽进了院落，栽向了水畔，栽入了幽巷深处，栽上了通衢两旁……石板砖缝间，有泥便有花，尺隙之地，一咕嘟一咕嘟怒放出姹紫嫣红。花荫覆宅，红杏出墙便典雅出扬州小巷的些许风情；而乡间花潮之汪洋恣肆，只能以杜甫‘千朵万朵压枝低’来摹状了，城北堡城村的茉莉、城南文峰村的玉兰早已享誉百年，而城东曹王园林、丁伙花木，以洋洋 500 品种、占地 8 万亩、种植千万株、畅销全国 30 省市的花经济，已经成为关乎当地以花富民的命脉所在。”他写张永寿的剪花、金冬心的画花、苏东坡的咏花，最终回归正题，写到扬州的万花会：“盛世赛花，人与自然美相融，也为扬州人所好。900 年前，洛阳有了牡丹万花会。扬州芍药素有‘千叶扬州种，春深霸众芳’的自信，时任扬州太守的韩琦怎会甘心让牡丹独占名贵？他发出‘广陵芍药真奇美，名与洛阳相上下’的赞叹，于是也便与民同乐，举行了规模盛大的芍药万花会。这场美与和谐大竞赛的结果是，万紫千红争颉颃，竟把维扬况洛阳，扬州终以芍药万花会而与洛阳并列为‘花之名天下者’之花都。900 年后，扬州近日红千叶，又起万花会。当然，其鼎盛、其精彩、其风华，都是昔日万花会不能比拟的。夭红艳紫相流连，维扬去结看花缘。以花会友，以花为媒，扬州与整个世界牵手了！这是花卉的盛事，也是人间的盛世。”

第六节 “二分明月忆扬州”，恍若大唐梦中人

最近几年，“滞留”在扬州的游客越来越多，不是交通受阻，而是因为他们白天要看“瘦大个”（瘦西湖、大明寺、个园），晚上还要赏一场瘦西湖的实景演出。2013 年 9 月 6 日推出的《春江花月夜》实景演出是江苏省首部大型实景演出，填补了扬州夜间旅游市场的空白，盛演 8 年之后，又一场“二分明月忆扬州”将瘦西湖之魅推上了高峰。

2021 年 7 月 1 日晚上，国内唯一的唐诗主题“二分明月忆扬州”大型沉浸式夜游在瘦西湖景区拉开帷幕，上万中外游客徜徉在唯美诗画中，欣赏这场光影艺术营造的视觉盛宴。

唐诗是中国文化之塔的宝顶，唐代扬州富庶繁华，文人墨客在此留下了大量吟诵扬州的诗句。康熙年间，《全唐诗》在扬州刊刻。为了传播优秀传统文化，加强文旅融合，打造地方文化特色，扬州瘦西湖风景区投入 1.2 亿元，推出了这场别出心裁的夜游活动。

扬州享有“月亮城”之美誉，唐代诗人用最美的诗

梦回大唐

句吟咏了扬州月色。这晚的瘦西湖光影璀璨，熙春台前、二十四桥畔、五亭桥上、白塔周围……由光影艺术营造的唯美扬州，犹如一幅穿越千年的诗意长卷缓缓展开。

3.5 千米的游览线路，以唐诗为魂，以光影为媒，推出“光影诗画夜游”“交互场景体验”“花车花船巡游”“千灯夜市”四大核心板块。“烟花三月”“春江花月”“商贾云集”“春风十里”“二分明月”等十大篇章采取每 10~20 分钟循环表演的形式，让游客成为沉浸于唐诗情境的梦中人。

第一篇章：诗路画语。以人们耳熟能详的几首唐诗开场，包括骆宾王的《咏鹅》、李绅的《悯农》、孟浩然的《春晓》、李白的《望庐山瀑布》等，唯美的画面，配以稚嫩的童声朗诵，引领人们走进千年前的童话世界。

第二篇章：烟花三月。开元年间的某个春天，李白在黄鹤楼为孟浩然饯行，写下了“故人西辞黄鹤楼，烟花三月下扬州。孤帆远影碧空尽，唯见长江天际流”的诗句。瘦西湖春波桥上，光影交辉，再现当年风流。

第三篇章：酒逢知己。唐宝历二年（826），因参与王叔文集团的反宦官、反藩镇斗争而遭贬谪长达23年的诗人刘禹锡，在扬州与白居易相逢。二人诗酒唱和，刘禹锡作《酬乐天扬州初逢席上见赠》，留下了“沉舟侧畔千帆过，病树前头万木春”两句千古名句。这场肝胆相照的诗酒佳话，在徐园中精彩回放。

第四篇章：南柯一梦。隋末唐初，广陵人淳于棼的庭院中有一棵大槐树。某日，淳于棼醉酒酣睡于大槐树下，梦入大槐安国。梦中，淳于棼金榜题名，迎娶公主，上任南柯太守。后因失宠离开槐安国，回到广陵。淳于棼醒来，方知刚才一番荣华富贵，原来只是美梦一场……

第五篇章：云裳花容。李太白诗吟：“云想衣裳花想容，春风拂槛露华浓。若非群玉山头见，会向瑶台月下逢。”该篇章采取大唐霓裳秀的形式，再现了“十里长街市井连，月明桥上看神仙”的绚丽画图。

第六篇章：春江花月。唐代扬州诗人张若虚的《春江花月夜》被后人评价为“孤篇盖全唐”“诗中的诗，顶峰上的顶峰”。五亭桥畔以夺目的光彩，呈现春江花月下扬

唐朝市肆现白塔

州迷人的诗情画意。

第七篇章：商贾云集。扬州是唐代丝绸之路上的重要港口，这里汇聚了四海的商船、商货、商人。白塔广场上，震撼的光影秀带我们回到那繁华富庶、商贾云集的大唐扬州港，感受市井风情。

第八篇章：春风十里。“春风十里扬州路，卷上珠帘总不如。”唐代诗人给扬州留下了数百首诗作，唐诗已成为中国人所特有的高雅精神食粮。该篇章以声、光、电等多种形式，展示目前中小学课本中的唐诗。

第九篇章：二分明月。“天下三分明月夜，二分无赖是扬州。”熙春台前、二十四桥畔，从水面到陆地，再到天空，一场奇幻的光影大秀，多维度地呈现出扬州浪漫的月夜文化。

第十篇章：千灯夜市。唐代诗人王建《夜看扬州市》云："夜市千灯照碧云，高楼红袖客纷纷。如今不似时平日，犹自笙歌彻晓闻。"大唐的扬州，城市管理理念先进，是历史上著名的不夜城。在1757街区，游客可走进酒肆茶楼，听一曲扬州小调，尝一口扬州美食，感受大唐不夜城之盛世繁华。

美轮美奂的灯光水秀与古典园林景观有机结合，给市民、游客带来了与白天完全不一样的观感，可谓徜徉于唯美诗画里、穿越在千年云烟中，再现了大唐扬州的盛世风华。

结　语

眼中之园心中诗

瘦西湖园林，造就出“眼中之园”与“心中之诗”的完美契合，是中国古典园林艺术深受绘画、诗词影响的典范作品。将绘画原则转借到园林的建造上，使园林艺术与山水画艺术有机地统一起来，是瘦西湖园林对中国园林的独特贡献。

瘦西湖园林采取了传统中国画的散点透视法，通过从不同角度观察山水的变化而将其表现在一张图中，不是一个静态视点的定格，而是一系列透视点的构成。在园林中也有意识地通过曲折的园路和空间的处理，使游人在观赏

湖，“眼中之园”与“心中之诗”的完美契合

的时候达到步移景异的效果。它摆脱了以往园林设计对客观影像的纯粹模仿，把诗人的“心中之画”完美呈现出来，是中国古代园林审美理念与山水诗意渲染下色彩美、形式美、含蓄美有机融合的例证。

瘦西湖园林，是最能代表“中国园林”的地方集群式园林，它有北方园林之雄，又有南方园林之秀，是陈从周先生眼中的“雅健”。位居长江、运河交汇处，地处南北之间过渡地带的扬州，湿润宜人的气候类型、丰富多样的林木植被，推动着这种南北交融的景观特色进一步凸显。瘦西湖园林建造过程中，既集中了计成、戈裕良、张南垣等南方的园林设计者的智慧，又融合了石涛、董道士、仇好石等北方造园家的技术，就连具体施工的建筑工匠也是来自不同的地域，他们之间相互推进、相互借鉴，促使南北园林风格在瘦西湖沿线完美结合。另外，建筑材料亦是来自南北两地，如假山建造所需的石材主要有苏南、安徽和江西的黄石、宣石，还有来自苏州及其附近地区的湖石，造就了瘦西湖园林融合南北不同风格的独树一帜的景观。卷轴画中心建筑——五亭桥，是将南北方建筑技术密切结合，园林设计和桥梁工程和谐统一的典范：它外部造型典雅秀丽，黄瓦朱柱，配以白色栏杆，亭内彩绘木雕，富丽堂皇，是南方园林特征；而桥墩厚实又具北方园林韵味。

云中白塔、五亭鳞云、长湖鸟道、熙台落日……色彩韵律的演变构成了瘦西湖园林直抵美学境界的视觉盛宴。瘦西湖园林卓绝之处，是能从眼中具象转为心中所想，再从心中所想自由切换为眼中具象。瘦西湖卷轴画景观，承载着园主和康熙、乾隆等人的主观性情，是帝王的典型北方情结和园主的南方视角在布局结构、风韵情趣相互融合、相互补充、相互借鉴中走向统一的物化见证，是南方文人雅士、盐商士绅对封建帝王的迎合，以及自身审美内涵和欣赏意蕴紧密结合的有形展现。康熙、乾隆年间，瘦西湖沿线的园林不仅是园主的休闲场所，也是皇帝南巡时“光临御赏”的特定景观，从格局和细部都彰显着南北园林最为壮观和华美的一面。朝廷监管南巡盛典的官员——奉宸苑卿，往往极尽所能，搜罗南北园林的优点，并

瘦西湖——梦幻之湖

将其汇集于一体，创造出集北派皇家园林的色彩和气魄，以及南方园林的精致和秀美于一身的大型园林景观集群。

瘦西湖园林作为一处具有众多的物质和非物质文化遗产的景区，本身有着极其丰富的人文资源，同时地域的优势又给瘦西湖的整个空间提供了良好的自然环境。近40年来，二十四桥景区和万花园景区的兴建，使瘦西湖园林景观得到两次发展和提升。在不改变传统园林风格的基础上，新时期的瘦西湖建设中增加了新的时代元素，将大量科学的、先进的造园理念和手段融入建设过程，在保留传统园林风貌的同时,又自然地将新时代的园林的内涵扩大，与之相呼应的园林风格在园林内涵不断扩大的过程中自然地发展，发生着相应的转变，并且显现出越来越多的新时代特征。

主要参考文献

（1）蔡起：《瘦西湖步芳》，广陵书社，2005年。

（2）丁家桐：《瘦西湖品赏》，广陵书社，2005 年。

（3）钱承芳：《钱承芳文集》，广陵书社，2008 年。

（4）杨正福：《扬州民国建筑》，广陵书社，2011 年。

（5）王虎华主编：《扬州瘦西湖》，南京师范大学出版社，2012 年。

（6）顾风主编：《大地上的卷轴画》，东南大学出版社，2013 年。

（7）周游：《扬州记忆》，中国社会出版社，2013年。

（8）李斗：《扬州画舫录》,中国画报出版社，2014年。

（9）韦明铧、韦艾佳：《扬州名片》，南京出版社，2014 年。

（10）徐亮：《扬州法海寺及白塔考论》，《绿杨城郭》杂志，2017 年第 3 期。

（11）罗加岭：《扬州五亭桥发展史考》，《绿杨城郭》杂志，2017 年第 6 期。

（12）许少飞：《扬州园林小史》，广陵书社，2018年。

（13）徐亮：《扬州瘦西湖吹台及其框景形成考源》，《绿杨城郭》杂志，2018 年第 1 期。

（14）李海滨：《闲话凫庄》，扬州广电扬帆手机频道，2020 年 5 月 24 日。

后 记

古往今来，写瘦西湖景致的文人雅士数以千计，成书的也有上百本了吧。有的重历史，有的重考据，有的重诗词，有的重推介……我呢，想写一本不一样的《瘦西湖》。

瘦西湖对于扬州来说太重要了，她是扬州的第一名片。外地人来扬州，如果时间紧张只能游一个景点，那不用说，必然是瘦西湖。

瘦西湖是在我们的手中成为世界遗产的，我曾参与了中国大运河申报世界文化遗产工作，瘦西湖是其中的重要遗产点。

每次进园，或季节转换，或晨昏幻变，瘦西湖都以一副崭新的面容迎接我，她的秀、她的贵、她的羞，让我相信她是一位女子，可实际上，她的身世，也富于男性化色彩。其北段，是隋唐时期扬州西城濠的遗留；其南段，长春桥至虹桥，为宋元时期西城濠的遗存；熙春台到小金山东西横着的中段，则是宋时的西城濠。明清两代，瘦西湖成了官员和百姓共同郊游的场所，一派春和景明。所以我曾经说过：瘦西湖，是一首战争与和平的交响曲。

园林老人许少飞先生曾对我说，瘦西湖有三大特征：景美、开放、诗盛。真是相当准确！城市的扩容使瘦西湖如今成为扬州的“客厅”，她具备了待客所需的一切高端标准：秀外慧中的气质、得体的应对及诗意的表达。

所以我的写作，秉持客观的、非虚构的表述，“只写湖中沧桑事，不记一人过虹桥”！

本书第三章写万花园的，还有第四章写文学艺术及诗情市景的，完全是全新的内容，瘦西湖文史资料中没有涉及过。而写老景的章节，我则努力写出新意。

如同一个人有十八般武艺，瘦西湖就是扬州文化的精华版，什么文学、美术、工艺、戏曲等，都能从中“舀”出来。

我不贪多，偌大瘦西湖，我只取一瓢耳。

陈　跃

2021 年 7 月 10 日